梅兰芳艺术人生文丛

刘 祯／主编

梅蘭芳

◎ 周丽娟 编著

在苏联

知识产权出版社
全国百佳图书出版单位
——北京——

「梅兰芳艺术人生文丛」的整理出版为北京市西城区文化艺术创作扶持专项资金 2020 年度扶持项目

序

"他在深厚传统和广泛吸收多家所长的基础上创造了极其精美的艺术。他不愧为现代世界上伟大的表演艺术家之一。他的艺术是近千年来中国戏曲艺术历史上的高峰之一。他是一代宗师，对一代艺术家发生了积极的、深刻的影响。梅兰芳是把中国戏曲舞台艺术介绍到国外，并获得盛誉的第一个戏曲表演艺术家。"（朱穆之《永不停步的革新精神——纪念艺术大师梅兰芳诞辰九十周年》）这个"他"，就是20世纪中国最伟大的表演艺术家之一——梅兰芳。

轻拂时间的尘封，走入历史的情境中，回看梅兰芳的一生，依然那么清晰，又那么熟悉。在20世纪初新与旧、古老与现代、东方与西方的文化碰撞和争持中，梅兰芳的出现，顺应时代要求和审美追求。他通过持之以恒的努力、追索，将京剧艺术推向了一个新的高度，也使得"梅兰芳"这一名字与京剧、与时代紧紧地联系在一起。而从中国艺术、中国文化的传承脉络来看，其实梅兰芳及其京剧艺术早已融汇到今天的舞台艺术和文化基因里。

演员是梅兰芳的职业，他以自己的努力和奉献，把京剧的旦行艺术推向了新的高度；同时，作为那个时代引领风气之先的人物，他的行为思想又与时代社会紧密联系，为人们所关注，成为时尚标志。而在那个动荡、变幻莫测的时期，梅兰芳洁身自爱，不随波逐流，注重自我品德修养，追求进步，为人中和而讲原则，是非分明；他身上的家国情怀，如傲雪红梅，如罹霜松柏，坚贞不屈，坚定不移。台上，他扮演了数以百计不同身份、不同性格的女性人物，个个美丽动人，熠熠生辉，善恶分明；台下，他是铮铮男儿，有血有肉，与人为善，助人为乐，热心公益，具有高度的文化自觉。他有开阔的视野和世界眼光，访日、访美、访苏演出，使中国戏曲得以走上世界戏剧舞台，形成与世界其他戏剧体系平等交流、对话的格局，进一步构筑和阐释了中国戏曲的体系特征，展示了中国传统文化的魅力，提升了中国文化和中国人在世界中的地位。

梅兰芳是20世纪伟大的京剧表演艺术家，是传承者，是革新者，也是一位绘画大家，是那个时代的时尚代表，是那个时代的文化表征，是那个时代的文化使者，是一位伟大的爱国者，是为人们所爱戴的人民艺术家。本文丛试图让人们了解和看到的就是这样一位血肉饱满、生动鲜活、爱憎分明、初心不改而多姿多彩的梅兰芳！

梅兰芳抵莫斯科时在车站接受献花，同行的有张彭春、余上沅等

导　言
1935年梅兰芳剧团访问苏联

　　今天若问到，1935年苏联的头等大事是什么?稍有些历史知识的莫斯科人会说：莫斯科地铁通车。因为在莫斯科，乘坐地铁不仅是最方便、最快捷的出行方式，而且有"地下艺术殿堂"美称的地铁站也是他们的骄傲。然而绝大多数人不知道的是，当年苏联媒体在报道规模和报道量上，不逊于莫斯科地铁通车的是对梅兰芳剧团在苏联巡演的报道和评论，以及由此引发的对中国戏曲文化的介绍和分析。世界著名戏剧家布莱希特说："1935年我在莫斯科逗留时最值得记载的两件事，一件是中国京剧演员梅兰芳的演出，另一件则是莫斯科地下铁道通车。"

2001年5月18日，有"百戏之祖，百戏之师"之称的昆曲艺术被联合国教科文组织宣布为第一批"人类口述和非物质文化遗产代表作"十九项中的一项，而且是获得十八位国际评审委员会专家全票通过；2010年11月16日，京剧也以二十四个成员国评审的一致赞同入选。

京昆表演艺术大师梅兰芳是中国向海外传播戏曲文化的先驱。苏联著名剧作家Ｃ．Ｍ．特列季亚科夫说："梅兰芳的伟大和普遍意义之处在于他把中国戏剧变成了世界现象。他使中国戏剧第一次冲破了民族的藩篱，而不是作为'异国情调'走入欧美观众的戏剧意识中。"1919年、1924年和1956年，梅兰芳率团三赴日本访问演出，其中穿插着1930年的访美演出和1935年的访苏演出。由于诸多的必然与偶然，1935年梅兰芳剧团访问苏联是迄今为止我国戏曲文化对外传播最成功的一次。

梅兰芳赴苏前，苏联驻华公使在沪举行的欢送宴会

一、融合两国关系，中苏政府想到了梅兰芳

1. 中苏关系从恶化走向融合

1927年12月，由于共产国际支持中国共产党领导的广州起义，蒋介石派军队进攻苏联驻广州领事馆，逮捕了一些工作人员，包括副领事哈西斯在内的多人遭到枪杀。随后，国民党又关闭了其统治区内所有的

苏在华领事馆和商业机构。20世纪20年代末起，由于远东国际形势的恶化和斯大林政权的巩固，苏联开始把中国人看作潜在的或真正的密探，成批的中国人遭逮捕，并被指控进行走私、间谍活动、鸦片交易、非法持有武器，身陷牢狱或被驱逐到中国或苏联其他地区。

1929年7月，中苏之间更是爆发了震惊世界的武装冲突——"中东路事件"。这场冲突持续近5个月之久，双方动用的一线兵力超过20万，使用了重炮、坦克、飞机和军舰等重型装备。事件爆发后，社会各界纷纷制作标语、散发传单、召开市民大会，各大报刊以大幅版面报道民众的爱国运动，把长久以来中国人民反对侵略、争取主权的民族诉求推向了高潮。

1931年，日本发动九·一八事变后，迅速占领东北。1932年3月，日本在东北建立伪满洲国，这年秋，国民政府寄予厚望的国联外交持续受挫，国内要求抗日的呼声日益高涨，因此不得不试图谋求联苏抗日。从历史因素和地缘政治上来讲，俄日两国在朝鲜半岛和中国东北曾进行过激烈争夺，而且在苏维埃政权建立之初，日本就出兵西伯利亚对其进行武装干涉。日本日益扩大对东北地区的占领，其政策指向是要把苏联从这一地区包括中东铁路中排挤出去。苏外交人民委员会委员长李维诺夫在与日本代表谈判时强调，苏联对日本在中国北方的军事行动感到强烈不安，并且指出其破坏了1905年的《朴茨茅斯条约》，该条约禁止日本在中国东北部署军队。日本大使向李维诺夫保证，将采取周密措施以避免苏日军队在中东路附近发生冲突。然而，他又声称，日本是和沙皇俄国缔结的条约，而不是与共产党人缔结的条约。

1932年上半年，在中东铁路地带出现了日本间谍针对苏联的挑衅行动，暴力胁迫苏公民等事件。苏联政府认为，远东地区战争因素的任何增长都将对本国构成多方面的威胁。"获悉满洲事件的消息后，苏联外交事务人民委员会副外长加拉罕向参加苏中代表会议的中方代表莫德惠通报，满洲事变迫使我们必须加快苏中关系正常化的步伐。"1932年12月初，国民政府也"断然训令"外交家颜惠庆"从速办妥复交手续"。12日，颜惠庆与苏外交委员会负责人秘密谈判，24小时内完成复交。

1933年1月，希特勒在德国建立纳粹政权，在《我的奋斗》一书中，他就列入了分割和吞并苏联的计划。透过德国随后的一系列不友好举动，莫斯科判定，征服苏联领土已成纳粹德国既定国策。1933年年初，日本经常从中国东北向苏联边境寻衅，苏政府担忧，"假如日本成功地迫使中国投降，获得了自然资源并占领了广袤的土地后，这将成为反苏战争的基础。在这样的情况下，苏联将处于两面夹击之中，即来自西方的希特勒德国和来自东方的极其强大而顽强的日本"。1933年12月19日，联共（布）中央政治局批准《关于开展为争取集体安全而斗争的决议》，努力构筑国际集体安全体系，包括"莫斯科决定把蒋介石政府作为中国最重要的反日力量来加以支持"。1933年3月27日，日本退出国联，愈加肆无忌惮地继续进行帝国主义战争。孤立无援的国民政府认为"远东大国苏联是中国唯一可找之朋友"。10月中旬,苏联驻中国大使鲍格莫洛夫在发往苏外交人民委员会的信函中说,"按照中国人的看法,与苏联搞好关系,假如能建立反对日本侵略的阵线,对中国人是有价值的。"苏联政府的目的在于避免中国"心甘情愿地成为日本侵略的受害者、日本帝国主义的俘获物。因此重要的是获取中国社会各界对苏联的广泛信任"。

国之交在于民相亲,国民政府寻找进一步密切两个邻国之间关系的机会,苏政府专门通过了《关于注重同中国社会各界发展文化关系的决定》。1934年3月2日,中国驻苏联大使馆参赞吴南如就筹备中国绘画展览一事约见苏联对外文化关系协会艺术部主任切尔尼亚夫斯基等人，在谈话中提及梅兰芳将往欧洲各国游历并考察戏剧，若途经莫斯科，苏联方面将如何招待。"乞尔略夫斯基（即切尔尼亚夫斯基——笔者注）表示：梅氏的艺术举世闻名，若能一现身于庶联（即苏联——笔者注）的舞台，那必定能受到热烈欢迎的。"21日，中国驻苏联大使馆致外交部电："苏联对外文化关系协会闻梅兰芳赴欧表演消息，迭向本馆表示欢迎，极盼顺道过俄，一现色相。""查文化提携于增进邦交原有关系，俄方对于梅君在俄境内一切旅食招待，均可担任。"随后苏联外交人民委员会东方司帮办鲍乐卫表示："梅兰芳如能在赴欧之前，先来庶联（即苏联——笔者注）表演，则我方将毫不迟疑，立缮请书，并可保证其表演必大获成功。"梅兰芳还接到《大公报》驻苏记者戈公振一封急电："苏联热烈欢迎梅兰芳，请将表演节目、酬劳及其他一切条件详细函告。"12月，苏联对外文化关系协会代理会长库里斯科向梅兰芳发出了正式邀请函。

2. 国民政府的多方支持

苏联政府虽然承担了梅剧团在苏的全部费用，但剧团仍需准备其他方面的费用十八万元，杜月笙等资助十万元，梅兰芳自出三万元。1935年2月，国民政府行政院院长汪精卫签发训令："伏思中俄复交以来，在政治方面，因环境关系，一时难以积极进行，而在文化及商务方面，亟应着手工作，现梅君之成行与否，系于此五万元有无方法筹措……拟肯大部暨其他有关之部署加以赞助，俾利遄行，于中苏邦交殊多裨

苏联《文学报》刊登的梅兰芳在莫斯科演出的剧照

益……据此，经提出本院第一九五次会议决议通过，在本年度外交费类第一预备项下动支，并报告中央政治会议。"行政院是国民政府的最高行政机构，国民党中央政治会议指导监督国民政府重大国务之施行，代表国民党行使政权。可以说解决梅兰芳赴苏经费问题，当时惊动了国民党和国民政府的最高领导层。

关于重要的剧团经理一职，梅兰芳认为，曾留学美国的中国早期著名话剧活动家、导演张彭春是最佳人选。梅兰芳曾言："我往年在美国，承蒙张彭春先生担任此项职务。对内对外无不措置裕如，我能在艺术方面那样圆满的收获，是和张先生的辛劳分不开的。张先生是办事有毅力肯负责的人，对中国的戏剧艺术尤多独到见解，同我平素的想法往往不谋而合。所以我很想请他一同去苏联。""张先生文学艺术蜚声国际，但以身任南开中学校长及大学哲学系专任教授，数月来屡经要约同行，张先生因校务羁身迄未得其同意……此次苏俄发表招待梅兰芳剧团筹备会委员，均系苏俄文化中心人物，并有外交界高级官吏，苏俄国家如此郑重其事，且再三声明，此次邀请，完全系研求借鉴性质，自不得不多约专家指导，以期诸臻完满。"外交部函聘张彭春，行政院秘书长褚民谊和外交部次长唐有壬均致电南开大学校长张伯苓。最终，经包括教育部在内的多方协商，张彭春的随团问题得到解决。

"圆场""起霸""对儿戏""打出手"……"昨夜晚吃酒醉和衣而卧，稼场鸡惊醒了梦里南柯"。戏曲艺术依托于中国传统哲学和文化，有一整套的术语，唱词成熟于诗词发达之后，又经过了文人雅士的反复推敲，加之剧情借助中国文学名著、历史

15

梅兰芳在苏联莫斯科艺术家俱乐部发表讲话，从右至左分别
为莫司克维因、爱森斯坦、张彭春、特列季亚科夫、梅兰芳、
耿济之

典故、民间传说等，因此戏曲文化的翻译者不仅要有相当高的中外文水平，能比较透彻地理解戏曲艺术中蕴藏的哲学和文化内涵、典型特征，而且要对相应国家的历史文化传统及特点，以及该国的艺术特别是戏剧艺术理论、呈现方式等有相当深入的了解。

耿济之是中国最早从事俄罗斯文学翻译、在此领域成就最辉煌的翻译家和研究者之一。至1935年，耿济之已经翻译了列夫·托尔斯泰、屠格涅夫、陀思妥耶夫斯基、契诃夫、果戈理、高尔基等著名作家的小说，他还翻译了《艺术论》，该书记录了大文豪列夫·托尔斯泰的艺术感悟，其最核心观点触及艺术的本质问题。特别是他还翻译了屠格涅夫、奥斯特洛夫斯基、高尔基、安得列夫等剧作家的众多剧本，颜惠庆认为耿济之是翻译一职的最佳人选。最终，外交部指派时任中国驻赤塔领事馆总领事的耿济之随梅剧团出访。

1934年5月28日，上海《大晚报》登载了苏联邀请梅兰芳的消息，引起了激烈的争论。一些人认为苏联打算让男旦去传播东方艺术文化简直是中国的耻辱；有些人忧虑，陈旧而简单的皮黄，是否为艺术精湛而新颖的国家所欢迎；也有人担心梅兰芳高超的艺术在苏联不可能得到肯定；等等。1935年1月19日，中国驻苏联大使馆致电外交部："惟国内一部分报纸反对梅氏，俄外部亦接有报告……现梅氏为友邦敦请、政府资助出国奏艺之人，事关全国戏剧毁誉，已非梅氏个人得失，国内各派似应以对外为重，勉抑异议，共襄其成。可否会商中央宣传委员会劝令反对报纸停载攻击文字，勉予友邦热心此事者以难堪。"26日，外交部回电："函准中央宣传委员会复称，已转饬各报及各新闻检查所遵照矣。"3月12日，梅剧团抵达莫斯科的当天下午，中国驻苏联大使馆即举办招待会，发挥华人在宣传中的作用。戈公振记载："我国大使馆的茶会，于3月19日下午5时起举行……介绍梅兰芳与庶联各界之前。参加者有外交人民委员会的委员长李维诺夫夫妇，副委员长克列斯丁斯基，苏联政府各部要人，各国大使公使及代表，苏联的名作家、名美术家、名戏剧家、名电影家及旅俄的华侨及中外记者等。"使馆大厅设临时舞台，张彭春作简单说明，杨盛春、梅兰芳、刘连荣等演出了《盗丹》和《刺虎》两出短剧，还表演了乐器演奏和舞蹈等片段。驻苏使馆报外交部，演出"获得巨大成功，演毕鼓掌之声数分钟不停云。为梅君到莫后初次试演，来宾印象甚佳，对于梅君艺术均有佳评"。

3.苏联政府的周密安排

苏联对外文化关系协会专门成立了接待梅兰芳委员会：主席是该会会长阿罗舍夫、中国驻苏联大使颜惠庆，成员有斯坦尼斯拉夫斯基、聂米罗维奇-丹钦科、梅耶荷德、泰伊罗夫、特列季亚科夫、爱森斯坦和戈梅茨，总经理兼艺术总监卡聂斯基，秘书拉宾斯和博亚尔斯基。列宁格勒演出筹备组的成员主要有：苏什克维奇、特劳贝格、莫纳霍夫、吉洪诺夫等。除政界人士和工作

一、融合两国关系，中苏政府想到了梅兰芳

梅兰芳在招待会上表演"剑舞"

21

1935年2月，苏联政府特派"北方号"专轮迎接梅剧团，从上海赴海参崴。参加莫斯科国际电影节的著名影星胡蝶同行，图为梅兰芳（左一）与胡蝶（中）、余玉清（右一）于船上合影

人员外，两地委员会和筹备组成员皆为当时苏联文化艺术界的翘楚，有多位享誉世界的艺术大师。

1935年2月21日，苏联政府特派"北方号"专轮到上海迎接梅兰芳；27日，抵达海参崴，停留了一天半，稍事休息；3月2日下午，乘远东快车向莫斯科进发。窗外白雪皑皑，梅兰芳沿途看到每一辆车上都悬挂着苏联第二个五年计划的图表，车站上堆着收割机、耕地机、播种机等农业机械，以及大量的木材、钢材及载重汽车等，这些和平建设的情景，给梅兰芳留下了极其深刻的印象。一路上看到工人、农民和红军，感到他们虽在艰苦的环境中奋斗，但非常乐观，充满着对胜利的信心。一入苏联国境，梅兰芳还看到沿途白雪皑皑中的车站和街头张贴着梅剧团在莫斯

梅兰芳抵达海参崴，中国驻该地领事权世恩举行招待宴会
并合影留念

科表演六天的大招贴。特列季亚科夫代表接待梅兰芳委员会，苏联驻中国大使馆秘书鄂山荫代表鲍格莫洛夫大使，先行赴离莫斯科数小时行程的前一站亚历山大罗夫站迎接。3月12日7时45分，伴随着火车汽笛的鸣叫，梅剧团抵达莫斯科北方车站，中国驻苏联大使馆吴南如参赞等使馆官员、苏联对外文化关系协会代表、接待梅兰芳委员会成员、外交人民委员会官员、戈梅茨[1]负责人、艺术界代表、两国媒体人士等四五十人前来迎接。苏联对外文化关系协会的负责人首先献花，紧接着苏联外交人民委员会、戈梅茨的代表上前把鲜花塞到梅兰芳等的怀里。霎时，炭精灯的强烈光芒直照脸庞，在电影大师爱森斯坦的指挥下，联盟电

---

1 国家音乐、杂剧、杂技企业联合公司，简称戈梅茨。

梅兰芳在莫斯科演出的
海报

影制片厂拍摄了剧团抵达及欢迎场面的新闻纪录片。
一行人簇拥着梅剧团成员走出车站，苏联对外文化关
系协会主席陪同梅兰芳坐上汽车，一直送到大都会饭
店。其他部分团员入住新莫斯科旅馆。在记者见面会
上，梅兰芳说："今天早晨，我们怀着无比激动的心
情来到了苏联的伟大首都，半年前我就预感到了这一
快乐的时刻……这次行程让我确信了贵方真挚的友
谊。从上海来到莫斯科的长途旅行，苏联政府代表一
路自始至终的悉心关照使我们感到非常愉快。"梅兰
芳回忆："虽然当时苏联全国人民节衣缩食，为提早
完成第二个五年计划而奋斗，但对我们这批远客的款
待是十分丰盛的。"

戈公振记载："苏联这一次邀请梅兰芳，事先曾

做过系统的宣传。当梅兰芳由上海出发时，在莫斯科的街头巷口，就可以发现许多很简单的印有'梅兰芳'三个中国大字的招贴，旁边有几排俄国字，是'自三月二十三日至二十八日，在音乐厅表演中国戏剧六天'。色彩鲜丽，甚引人注目。同时在彼特洛夫卡街一带大商店的玻璃橱窗内，也陈列着放大的梅兰芳的本来面目或是戏装的照片。""《消息报》馆屋顶上的流通电灯新闻，则逐日报告关于梅氏的消息。""在梅剧团演出期间，苏联有塔斯国家通讯社（TASS）尽量地发出消息；新闻电影制片厂则将梅氏演剧时的情形摄成影片；无线电台则请梅氏播音，其盛况可想而知。"当时人们获取信息的主要渠道是阅读报刊，1934年12月17日，《苏维埃艺术》登载了《邀请中国剧团来苏联演出》的消息，提到了梅兰

梅剧团抵达和演出前，《真理报》和《莫斯科晚报》刊登
的对梅兰芳剧团即将赴苏演出的报道和介绍中国戏曲文化
的文章

芳的成就及其在美国演出产生的影响；1935年2月，《真理报》不时地刊登梅兰芳在上海准备和出发的报道。从3月2日起，《莫斯科晚报》开始刊登售票广告，此外，《莫斯科工人报》《消息报》和《列宁格勒真理报》也都刊登了演出广告和公告。《真理报》《共青团真理报》《消息报》《莫斯科晚报》《莫斯科工人报》《共产主义教育报》《文学报》《劳动报》《列宁格勒真理报》《接班人报》《红色报》《少年真理报》，英文和法文《莫斯科日报》，还有很少刊登艺术类消息的《工业化报》《红星报》等几十种报纸，以及《苏维埃艺术》《苏维埃戏剧》《莫斯科》《工人与戏剧》《星火》和《明星》等十多种杂志连续不断地刊登梅兰芳及其剧团活动的消息、介绍中国的戏曲文化及梅兰芳本人、对演出现场进行描

《莫斯科工人报》报道梅剧团抵达
莫斯科

梅兰芳在苏联《消息报》上
发表的致谢文章

苏联对外文化关系协会举办招待会，欢迎梅兰芳

梅兰芳在欢迎宴会上

述和评论的文章。例如3月3日《莫斯科晚报》刊登
《中国剧团要来了》的报道，3月6日《消息报》有梅
兰芳演出剧照并附有简单说明，3月11日《共青团真
理报》发表长篇文章《梅兰芳的戏剧》。其他文章如
《梅兰芳——我们的客人》《梅兰芳在莫斯科》《梅
兰芳戏剧的舞台装置》《五亿观众》《几千年历史的
戏剧》《两种文化的相遇》《古老的中国讲述现代的
中国》《梅兰芳来到了莫斯科》《梅兰芳来到了列宁
格勒》《中国剧团来到了莫斯科》《中国剧团来了》
《中国演员的艺术》《中国舞台表演大师梅兰芳》
《梨园魔法师》《16000名观众观看了梅兰芳剧团的
巡演》《中国戏剧的音乐》《千百年凝练的演技》
《梨树繁花似锦——观梅兰芳演出有感》《最精致的
演员表演技艺》《独一无二的戏剧表演》《绚丽的色

调——梅兰芳舞台艺术中的布景和妆扮》《戏剧的中和性》等,不完全统计有一百五十余篇。当时的报纸几乎每天都有关于梅剧团的报道和文章刊出,在关键的时间节点,如抵达莫斯科和列宁格勒,有时一份报纸四个版面中会有三个版面涉及梅剧团。例如《莫斯科晚报》在梅兰芳抵达的第二天,一版刊登长篇文章《梅兰芳来了》并配有梅兰芳等人的合照,三版有梅兰芳的剧照,四版刊登演出广告。新闻媒体具有左右舆论的力量,直接影响着社会公众的认知和评价,大量有吸引力的题目不间断地出现,增加并加深了苏联观众对梅兰芳和中国戏曲的关注和了解。在严格的新闻管制下,如此大规模的宣传显然是得到了苏联政府的支持。

左至右为苏联对外文化关系协会会长阿罗舍夫（左二）、颜惠庆、张彭春、梅兰芳、林德夫人（苏联对外文化关系协会工作人员）、颜雅清女士（颜惠庆之侄女）、余上沅、鲍格莫洛夫大使、苏联外交部东方司第二科主任尤什克维奇

梅兰芳（右一）参观苏联戏剧展览会时与余上沅（右二）
及接待人员合影，左一为切尔尼亚夫斯基

梅兰芳在莫斯科红场向列宁墓献花圈

梅兰芳在瓦赫坦戈夫剧院观看《人间喜剧》后，与演员合影

二、苏联艺术界以特有的方式欢迎梅兰芳

19世纪末20世纪初，俄苏艺术界对东方的兴趣与日俱增，以京剧为代表的中国戏曲文化引起了他们的关注。苏联著名导演、演员、戏剧理论家梅耶荷德在接受《大公报》记者采访时谈到，"梅兰芳是演剧和歌舞的天才，我们已经是久仰了。苏俄的戏院和扮演，受中国的影响不少，所以我们这一次乘梅氏来俄的机会，企图要得着最大限度的收获。"爱森斯

坦说，梅兰芳的到来，对"苏俄电影和戏剧艺术的发展上，是具有极大的意义的"。"四百年来，中国戏剧的写实主义变迁得并不多。它比日本的歌舞伎旧戏较为纯粹些，所以它影响苏俄现代戏剧的潜能性很大。"梅剧团在莫斯科和列宁格勒演出前，苏联艺术界以自己特有的方式欢迎梅兰芳，他们对独特的中国戏曲文化进行了近乎全方位的介绍和分析。

1. 平城白登之围的传说

"中国剧团要来了。"这让爱森斯坦回想起一个可信度不高的关于中国戏剧起源的优美的传说，这是一个与公元前201年平城白登之围有关的故事："在平城中隐藏着皇帝的军队，匈奴头领冒顿的军队从三

梅兰芳与特列季亚科夫（前排左一）、爱森斯坦（后排左一）、
余上沅（前排左二）、林德女士（前排右一）、张彭春（前排右二）、
切尔尼亚夫斯基（后排右一）合影

面包围了该城，冒顿派自己的妻子阏氏率军队从第四面合围城市。于是，平城陷入饥饿、困苦，处于全面的匮乏之中。守城将领陈平用计谋把城市从围困中拯救了出来，他了解到阏氏是嫉妒心很强的人，就下令用木头制作了一些女子人偶，这些人偶像极了活人。令人偶沿墙站立，这面墙朝着爱吃醋的女统帅方向，运用巧妙的机关，用细绳索繁复地连接起来，木偶就能够很明显地走动、跳舞和做出婀娜多姿的身段。从远处看，阏氏自然把她们当成了真的女子，并认为这些女子是极其迷人的。阏氏知道冒顿是个情种，她担心攻下城池后，丈夫很快就会移情别恋，而她自己不可避免地会失去宠爱，对丈夫的影响力也会被削弱。于是，阏氏迅速把军队撤离，包围圈被打破，城市因而得救。这是关于木偶艺术诞生的传说之一，后来木

梅兰芳（前排左三）与中国驻苏大使颜惠庆（前排左四）
及爱森斯坦（前排左二）等合影

偶被人所代替，但长时间保留了有特色的绰号'人偶'。"苏联著名汉学家瓦西里耶夫介绍，"中国戏剧包括多个剧种：'京戏'——首都的戏剧，也叫二黄，是对北方戏剧的称呼；'昆曲'是南方的戏剧样式；'梆子'是最古老的戏剧形式；等等。所有这些剧种，在音乐表演（旋律和咏叹调器乐的谱曲）方面尤为突出，建立在此基础上的这样或者那样的表演现象，我们统称为中国古典戏剧。演出时，歌唱和对白穿插进行，在演绎剧情时融入了符合戏剧风格的舞蹈和武打技巧。唱词是古老的、古典的，而对话语言则是现代的、鲜活的。""当今中国戏剧艺术有两种类型：古典戏剧与现实主义戏剧。古典戏剧——作为封建社会遗产的戏剧，其表演方式是虚拟性、程式化的。而内容则是反映千百年来中国封建社会状况的文学创作。现实主义戏剧，受西方戏剧艺术特别是莫斯科艺术剧院的影响，在表演方式和内容方面都类似于欧洲戏剧艺术，一批戏剧家所表演的现实主义戏剧已成为革命的一翼。"特列季亚科夫也介绍："没有比中国戏剧更古老的，它已有几千年的历史了。""延续至今的古老的中国戏剧，与新的革命时代联系在了一起，面对着广泛而深刻的变化，一方面，欧洲戏剧样式渐渐地传入中国，另一方面，古老戏剧也发生了变化。""这种戏剧以极其丰富的作品产生了巨大的影响。"

2. 戏曲艺术影响着地球上一半居民的精神生活

民国年间，看戏是中国老百姓最喜爱的文化娱乐方式，各种形式的戏台、戏楼、戏园子遍布城乡。盛世庆典、逢年过节、民间祭祀、婚丧嫁娶都是演戏的契机。戏曲艺术还以丰富多彩的衍生产品走入人民的日常生活。俄国十月革命使旧的社会秩序发生彻底改变。用列宁的话说，从前"供奉着饱食终日的女太太和郁闷的、苦于脂肪过多的上流绅士"的戏剧，现在"供奉着国家的活力及其将来的千百万勤劳民众"。20世纪30年代，苏联一些文艺理论家认为，戏剧是最民主、最接近大众的艺术。戏剧比小说更容易到观众里面去，假使小说有几万、几十万人读，那么戏剧通过周密的剧场网，通过俱乐部，可以拥有几十万、几百万的观众。时任苏共中央总书记的斯大林重视艺术感染策略，支持以文艺作品为载体，在潜移默化中培养人们的爱国思想和情感。中国戏曲文化的全民性引

梅兰芳（右二）与特列季亚科夫（左二）、余上沅（左一）、
张彭春（右一）

起了苏联戏剧界的注意。

　　特列季亚科夫在《五亿观众》一文开头即谈道："中国的戏曲艺术影响着地球上一半居民的精神生活。""在农村的寺庙里供奉着祖先牌位，对面是戏台子。节日的时候，传统祭祀仪式之后，参加者就到对面去看戏。"汉学家伏鲁曼斯基介绍："演出从早晨一直持续到深夜，在汉口、成都、北平、芝加哥、纽约的剧院里，戏剧家族的传人们演着一千多年前创作出来的熟悉的剧目。"瓦西里耶夫说，在中国"剧场是广大群众最常去、也是最喜欢去的地方，在中国有五百多固定剧场和数量庞大的临时戏台子，为数众多的草台戏班演员在临时戏台子上演出。乡村戏班、皮影戏班、木偶戏班都属于草台戏班。在整个中国，演员数量约有三十万人，其中在北平大概有两千人，在上海还要多一些。" 特列季亚科夫在不同的文章中介绍了戏曲的广泛影响和作用："这种戏剧古老得使人吃惊，自然是封建道德和儒家行为准则的传播工具。在语调和动作中渗透着对祖先的敬重、恭顺和拘礼。中国戏剧宫廷化后繁荣了起来，并最终成为具有最广泛群众基础的艺术形式。毫不夸张地说，或许十个中国人中勉强有一个人能够读书识字，但他们中任何一个人都能够看懂戏曲。""在中国就其广泛而深厚的影响来说，没有哪种艺术可以和戏剧相较。在戏园子里，演出可以从早晨八点一直持续到深夜，每一座农村的寺庙都有自己的戏台子，草台班子和请来的专业剧团在那里演出。流浪艺人唱着戏剧里的经典唱段，市民把演员请到家里唱上一两段，来为自己的节

梅剧团演出前，特列季亚科夫发表在《文学报》上的文章，
介绍了中国的戏曲文化

梅剧团演出前，瓦西里耶夫发表在《消息报》上的文章，
介绍了中国的戏曲文化

日助兴。在集市或闹市区，在演员灵活熟练地操纵下，用木偶演出那些古典剧目。画着戏剧情节的招贴画装饰在家里的墙上。著名演员的照片可以发行几百万份。在儿童玩具中，戏剧道具模型占有相当大的比重。""戏剧对白早就成了家喻户晓的谚语和俗语，孩子们玩儿打仗的游戏，在额头上绑上角色奇异的标志，像剧中演员那样走路，用剧中角色那样的假嗓子声喊出命令。那些希望得到爱慕的姑娘们，仔细观察剧中女演员的步态、舒缓而微微颤动的手部动作。青年人之间达成某种友好共识，也是说着古典戏剧舞台上朋友之间说的话。当演员，也是有些农民农闲时候的谋生手段。在中国，戏剧不仅仅在舞台上演出，还渗透到日常生活的最细微之处，家里生小孩、举办婚礼，都要请两三位演员表演哑剧和剑舞。流浪艺人在闹市和饭馆唱着观众最喜欢的一些戏剧的著名唱段。流动木偶戏艺人露天或者在集市上搭起围挡，用小棍指挥着木偶表演军事将领、中堂、皇帝、英雄、和尚和神灵。在小饭馆、集市或娱乐场所临时搭起的戏台上，在白色的幕布上，表演者展示着用晃动的光照出的人物的影子、变模糊后逐渐消失的技艺。仿照戏里的道具做的斧、钺、王冠等玩具摆在集市上，吸引着男孩子们。过年的时候，印有神明和戏剧角色的五颜六色的招贴画贴到家里的门或墙上。几百万份印有演员肖像的明信片、有著名演员照片的识字卡片在售卖。""刚学走路，还完全不认字的时候，中国人就已经开始在戏剧情节中认字了。"评论家布鲁斯托夫分析了中国戏剧全民性的原因："中国的图书文献是那样的复杂，要想研究它不是一般地困难，需要多年的辛勤付出！要知道，在图书文献中有四万五千个结构复杂的象形文字，对于中国劳动人民来说，要学习这些数量庞大结构复杂的象形文字太难了。差不多所有图书文献资料对他们来说都是异己的，但戏剧让僵死的文字复活。因此在中国，戏剧的作用相当大。戏剧就是活着的象形文字、活着的图书文献资料。""要解释戏剧在中国惊人的普及程度，首先在于戏剧的普及是群众内心深处的需要，戏院对他们来讲不仅仅是喜欢的娱乐场所，而且是社会生活的中心，是学习知识的学校。因此，在中国的戏园子里，演出从早晨持续到深夜不是偶然的。"

3. 新奇独特的戏园子

中国独特的戏园子文化让苏联汉学家们感到特别新奇。特列季亚科夫发表在《真理报》《劳动报》《文学报》的文章中对舞台演出作了如下介绍："半岛型搭建的舞台深入观众席，用低矮的栅栏围住，两边的侧幕有两个门，演员从左边上场，从右边下场。""照我们的理解，中国的戏剧不懂得变换舞台背景和顶饰，然而中国戏剧舞台的景是不定的，而且是最令人信服的和丰富多彩的，它的转换尽可能体现在每一个出场人物的服装上。""从侧幕通向戏台有两扇门，没有栏杆，开放式的戏台三面朝向观众。""除演员外，在舞台上还有很小的乐队，除了打击乐器和管乐器外，还可以听到发出模糊的、让人感到烦躁的两弦小提琴（即胡琴）的声音或长笛声。""当演员在舞台上演出时，穿着普通长衫、没有化妆的一些人在舞台上走来走去，他们把小垫子扔到弯着腰要下跪的演员的膝盖下面，免得下跪时弄脏昂贵的戏服；给演员端上茶水，让他们唱过之后润润嗓子；或者摆上镜子，让演员就在舞台上整理一下妆容。这些人被称为'检场人'，观众则是当他们不存在的。"伏鲁曼斯基讲述了检场人的另外一个作用："在中国戏剧里没有舞台装置，然而在没有侧幕的光秃秃的舞台上，剧情却在无限的空间里展开。每一场景演出之前，检场人告知舞台布景，他们拿出写着剧情发生地点的象形文字，向观众通报：'已过去三十三天了，在路上濒死的、观众爱戴的主人公遇到了暴风雨，他费力穿过茂密的森林，一群野兽追踪着他。'""这样介绍的效果很好,观众做好了思想准备,剧就可以继续往下演了。"

中国人是怎么看戏的呢?特列季亚科夫在《真理报》和《文学报》的文章中介绍:"您在中国剧院,侧面对着舞台,坐在长条桌子后面,桌子上放着茶碗,里面盛着没有苦味的淡茶水,还有瓜子和橘子等。很少有观众从头至尾认真地观看台上表演,而且这也是不可能的,因为演出是由一些整出戏和折子戏组成,要从早晨一直演到深夜。一般情况是,当舞台上响起震耳欲聋的敲击木鼓的声音,观众才凝神关注演出剧情,因为他们知道最有戏剧性的场景,如激烈打斗的场面、主要角色死去、相爱人的离别、著名唱段或者名角表演等场景要出现了。""在演出大

КИТАЙСКИЙ ТЕАТР В МОСКВЕ

Театр, которому тысячи лет

С. Третьяков

Встреча Мэй Лань-фана в Москве. НА СНИМКЕ слева направо: писатель С. М. Третьяков, представитель Всесоюзного общества культурной связи с заграницей т. Л. Чернявский и д-р Мэй Лань-фан.

《劳动报》上刊登的特列季亚科夫的文章，介绍了中国的戏曲文化

梅剧团在莫斯科演出前，《共产主义教育报》上
刊登的文章，介绍了中国的戏曲文化

梅剧团在列宁格勒演出前，《红报夕刊》上刊登
的文章，介绍了中国的戏曲文化

厅里，不使用灯光照明，与灯光不相上下的是透过裱糊在窗户框上破裂的窗户纸照进来的太阳光。长条形的桌子对着舞台垂直摆放，观众坐在桌子后面，侧面对着舞台，桌子上摆放着食物，大厅里满是嘈杂的说话和吃东西的声音，只有在演出中出现耳熟能详的著名片段、最受喜爱的唱段、武打特技和绝技表演的时候，观众才停止交谈和吃东西。这时，大厅里安静下来了，鼓键子开始执着地疯狂敲击，发出震耳欲聋的声音，速度加快、声音变得越来越震撼，当最紧张程度减弱的时候，人们兴奋地大喊'好！''好！'，意思是演得'过瘾'。" 爱森斯坦分析："这种戏剧文化有多少让外国人感到吃惊的地方？例如，在剧场里观众面向长桌，侧面对着正在演出的舞台坐着。其实，这一古老传统更具有合理性，这样的坐姿更适合调动人的听觉，而不是眼睛朝向舞台看，因为人们去古老的剧场与其说是看戏，不如说是听戏。这就是我们看到并感受过的相似的戏剧传统。在我国戏剧发展的最辉煌时期，莫斯科小剧院的特点也是这样。老年人也许还记得奥斯特洛夫斯基：他从来不从观众席看自己的戏剧，而总是在侧幕听，凭借戏词念白对演出效果作出正确的判断。让我们回忆过去，这也许是梅兰芳在这里演出的巨大功绩之一。"

4. 中国戏曲的剧目

西方戏剧偏重于剧情内容的感动，苏联观众对中国戏剧所演绎的故事有着浓厚的兴趣。当时，介绍中国戏曲剧目的来源及故事内容的资料也比较多。瓦西里耶夫发现，中国"古典戏剧剧目的四分之三是历史题材，其内容来自中国文学中反映封建社会历史发展进程的一些片段。其余剧目来自中国极其丰富的文学作品，包括抒情诗、日常生活和虚构故事中的事件和人物。新创作剧目比较少"。常言道"不识庐山真面目，只缘身在此山中"，他还发现了一个中国人司空见惯，但没有给予足够关注的特点，"中国戏曲剧目不是完整的事件，而是相连的单个片段，它的开头和结尾可以在其他剧目中找到。"

布鲁斯托夫介绍，中国戏曲剧目中数量最多的是历史剧，其中心内容是"皇宫里心机颇深的皇后、宫廷妇人、互相嫉妒的高级文武官员"。他认为这类戏最著名的代表是《狸猫换太子》，他把这出戏取名

为《秘匣》，不仅介绍了剧情，还对演绎的方式进行
了分析："在这出戏中，皇后让自己的女仆杀掉皇帝
嫔妃的、也是皇帝唯一的儿子，女仆经受不住良心的
拷问，把秘密告诉了首领太监陈琳，陈琳救了男孩，
并把他送到皇帝的兄长那儿。男孩长成少年的时候，
有人把这件事告诉了皇帝。皇后也探听到了，这个男
孩是嫔妃的儿子，就审问女仆，诱导她坦白并供出同
谋者是谁。然而，那个女仆却从窗户跳下摔死了，皇
帝知道了这一切，放出了嫔妃，下令把皇后关入监狱
并以晋升很高的职务作为给首领太监的奖励。"随后
他分析到："与其他类似剧目相比，《秘匣》的优秀
之处在于有出色的结构安排和激烈的戏剧冲突……在
《秘匣》一剧中，道德蕴含在高超的计谋中，以及经
验丰富的表演大师的手势上，特别体现在下列舞台表

演场景中：为了悄悄地把孩子带出皇宫，陈琳从女仆手里接过孩子并把他藏在了自己的匣子里，用皇帝的礼物盖住。走过花园的时候，恰巧与皇后迎面碰上，皇后让他站住，问了一些事儿，就让他走了，陈琳夹住腋下的匣子趁机赶快离开，但是他刚走几步，从皇后口中传来了他不想听到的话：'陈琳，再到我这儿来一下。'陈琳磨磨蹭蹭地回来了，把匣子放到地上，在皇后面前跪下。皇后说：'陈琳，我让你走的时候，你像张满了弓射出的箭，而让你返回来的时候，你却慢慢腾腾的，好像勉强能挪动脚。'在那样的情况下，观众一直紧张地关注着舞台，持续相当长的时间。"

　　梅剧团访苏前，苏联对外文化关系协会、俄罗斯联邦教育人民委员会及戈梅茨联合出版介绍演出剧目的两本小册子，其中一本是《著名演员和导演梅兰芳领导的中国剧团演出之剧情简介》，介绍剧目——《汾河湾》《刺虎》《打渔杀家》《宇宙锋》《虹霓关》《贵妃醉酒》，还介绍六种舞——《红线盗盒》《西施》《麻姑献寿》《木兰从军》《思凡》及《抗金兵》，主要讲述故事情节和描述演出场面，还附加介绍相应的程式化和虚拟性等特征。例如对在莫斯科和列宁格勒演出的第一出戏《汾河湾》做如下介绍：富家女柳迎春爱上了穷人薛仁贵，不顾父亲的反对嫁给了他。为了前程，薛应募从军，赴远方征讨并且当了将领。十八年过去了，薛突然回到家，他在自己家门口遇到了妻子，迎春生活在极度困苦之中。薛和迎春都没有认出对方。和妻子说了几句话后，薛先认

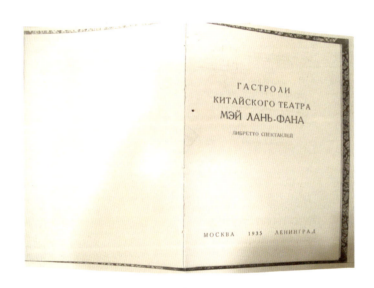

《著名演员和导演梅兰芳领导的中国剧团演出之剧情简介》
首页

梅兰芳（前排右二）在瓦赫坦戈夫剧院观看《人间喜剧》后，
与演员合影

出了迎春，他要考验一下妻子对他是否忠贞。他向她献殷勤，怒气冲冲的迎春逃回了家并插上了门。薛坦白了自己化名之事，妻子让他进了家。长途跋涉后的薛，又饥又累，想吃点东西，再休息一下。妻子去给他准备食物和铺床。然而薛还是怀疑妻子的忠贞，他多疑地观察着房间，突然，在妻子的床下发现了一只男人的鞋子。当妻子返回的时候，薛要杀死她。迎春夺下了丈夫手中的剑，问他因何发怒，薛给他看那只鞋子，迎春认出那是自己儿子的鞋子，但想戏弄一下丈夫，对他说，鞋子是那个比他年轻、比他漂亮的男人的。最后，迎春告诉他，鞋子是他们十七岁的儿子的，他们的儿子是在薛离开不久后出生的。迎春温柔地描述了儿子的长相。薛惊恐地确信，刚刚几个小时前他意外打死了一个年轻人，这个年轻人应该就是他们的儿子。薛回忆在回来的路上："突然跳出了一只老虎，我迅速地向野兽射箭，但是却意外地射中了年轻人，老虎拖走了被打死的人的尸体。"迎春听了令人痛心的讲述，陷入失魂落魄之中。后来他们一起去寻找儿子的尸体。除了剧情，在书中最后还介绍："这出戏在中国观众中很受欢迎，该戏中广泛应用了中国戏剧中常见的程式化手法，例如主角挥动鞭子，就意味着他骑在马上等。"

梅剧团在莫斯科和列宁格勒的演出获得了巨大成功，为满足观众的要求，后在莫斯科大剧院又加演一场。这一场自然是选了演出效果最好的三出戏——《打渔杀家》《盗丹》《霓虹关》，编入在剧院出售的《梅兰芳博士领导的中国剧团最后一场演出之剧情简

介》，张彭春参与撰写。此书与前面的介绍相比更为
详细和具体，并且加入了一些经典的对白。

5. 生旦净末丑五种行当

物以类聚，人以群分。文弱书生与豪爽斗士、千
金小姐和伶俐丫鬟，从心理到外形都有很大差异。戏
曲演员专业分工的类别叫行当，生、旦、净、末、丑
各个行当具有鲜明的造型，演来也各有意趣。

瓦西里耶夫介绍，"在中国戏曲中有五种基本
行当：一为生——男主角，二为旦——女主角，三为
净——反面和具有性格特点的男性角色，四为丑——
喜剧演员，五为末——次要角色。""每一个行当按

年龄划分有自己的表演方式，行当中专门的角色通常是演员终身的专业。"梅兰芳是旦角演员，工青衣。瓦西里耶夫、爱森斯坦和特列季亚科夫特别地谈道："按照封建社会的传统，中国古典戏剧的所有角色，亦如日本'歌舞伎'一样，都由男子来扮演，包括女性角色。""正旦——善良的家庭主妇（贵妇人）、忠诚的妻子、有美好道德的女儿；花旦——通常是比较年轻的女子，属于'半上流社会'的人，有时是女仆人。通常来讲，如果说正旦是正面的和有美好道德的形象，唱腔带着抒情和忧郁的调子，花旦就是颇有争议的姑娘，舞台表演活泼灵巧。闺门旦——未出阁的姑娘，也是优美的、文雅的、有美好道德的典型形象；武旦——与其他角色不同，是女英雄、女军人的典型形象，如年轻女军人或女统帅；彩旦——狠毒的妇女形

梅兰芳与苏联文化界人士爱森斯坦（前排右一）、
特列季亚科夫（后排左一）、泰伊罗夫（前排左一）等合影

象，诡计多端的女人、女仆，处事首鼠两端，舞台妆容是花哨的，行为举止都是反面角色；老旦——老年妇女，通常是母亲的形象，表演从容温和，是最讲究实际的现实主义者。""六种女性角色中占第一位的是正面女性角色'青衣'。"

6. 综合性、程式化和虚拟性

中国戏曲表演的一个明显特征就是呈现手段的综合性。爱森斯坦在《梅兰芳的戏剧》一文中谈道："对中国戏剧所有的艺术作品来说，综合性特征达到了极限，这些特征的总和就成为艺术创作的最重要基础——也是它的生动性所在。"他还在《梨园魔法师》一文中，将戏曲综合性特征与梅兰芳的贡献联系在一起："中国戏剧表演在其发展史上最古老的时期就是综合性的：舞蹈和歌唱密不可分，后来分开了。在北方，弱化了姿势与动作轻盈优美的表演，歌唱被突出地强调；在南方，戏剧演出观赏方面的技艺则是夸张的繁荣。这些区别保留在措辞中，北方人说去'听'戏，南方人则说去'看'戏。综合的任务就落到了梅兰芳身上，正是梅兰芳恢复了最古老的传统。这位伟大的演员研究古老的舞台表演技艺，他不逊于本民族文化的博学多识之士和鉴赏家，他回归了演员表演技艺本来的综合性，再现了戏剧表演带给人的强烈印象，恢复了身段动作同音乐、奢华的舞台服饰复杂而又文雅的结合。"特列季亚科夫、伏鲁曼斯基从演员培养的角度介绍戏曲艺术的综合性，"在中国，要成为一名戏剧演员可不是一件容易的事，尚在幼儿时期就要到经验丰富的演员老师那儿学艺，然后慢慢地在舞台上实习演出、背台词（在中国戏剧演出中没有提台词者）、练习身段动作和武打技巧，而最主要的是学习唱，练好唱功是极难的。""为了能够跻身演员行列，需要掌握一系列最繁难的技能，通常演员专业学习期需要九到十年。师傅要教会他们用剑和矛枪打斗的技术技巧、舞台表演的身段动作，练习男军人表演者的著名步态'虎步'。他们要把嗓子练成在舞台上演出时，能够不知疲倦地唱上一整天。只有综合地掌握了特有的表演技艺，学会了舞蹈、表演中的平稳技巧、表意动作、歌唱、矫揉造作的腔调和夸张的念白，才可上台面对着观众演出。"

　　在中国戏曲表演中，演员将生活中的各种动作进行概括和提炼，形成一套程式化的独特的艺术语汇。程式化是中国戏曲表演的总体特征，也是其艺术表现规律之一。爱森斯坦曾介绍身段动作的程式化："如果演员要表演进出一扇门，他只是抬起腿，做出迈过门槛的样子。如果要更进一步表示打开门，他就用两只手分别推开并不存在的两扇门。如果表示关门，就把两手合在一起。开关门皆如此样程式化动作——进门和出门，通向外面的门、连接两个房间的门和通向花园的门等都是这样的开关方式。"特列季亚科夫描绘了演出现场："中国戏剧就是建立在程式化基础上的……在角色后背，牢牢固定着四面靠旗，像翅膀一样晃动着，其含义是他统率着四路军队。角色旁边有人执画着车轮的四方旗，就是告诉观众他坐着车走。演员持众多低垂着的橙黄色花纹图案的旗帜疾步

Мэй Лань-фан исполняет танец из пьесы «Победа Лян-Хун-Ю над захватчиками»

苏联出版的介绍梅兰芳及中国戏曲文化的小册子《梅兰芳与中国戏剧》中《抗金兵》的剧照

走过舞台，这是说着火了。检场人把一小撮突然发光的粉末扔向火钵，这就意味着出现了闪电。演员手里摇着马鬃做的白色带着手摇柄的拂尘，观众就明白他是神灵、和尚或圣者了。""在铜管乐器吹奏和铜锣敲击声伴奏下，一位勇士迈着做作的步子走上了舞台，光彩夺目，令人眯起了眼睛。剧场里没有舞台布景，但能够想象一下，最好的舞台设计师把最漂亮的颜色、最美的图案集中在演员绣着花朵的豪奢精致、柔软光滑的丝绸服装上，在王冠上有丝绒线球和七彩的鸟羽。演员在舞台上边走边挥动装饰着白色流苏的马鞭。马鞭和步态是程式化的，挥动着白色马鞭，意味着勇士骑在白马上矫健敏捷地驰骋。马鞭交到随从手里，步态跟着变了，这代表主人公下马了……军士们手执画着波浪式图案的旗帜在舞台上急速地穿插跑动，意思是他们在暴风雨中行进。"特列季亚科夫还特地描写表演女性角色身段动作的程式化特征："其动作是异乎寻常地平稳。她们走路用脚后跟着地（模仿"金莲"——缠足女子走路的动作），两个膝盖摩擦着走路，双手做手势表演，手臂沿着柔和的椭圆形曲线移动。女性角色娴静而柔美，但饰演滑稽角色和军人角色时，演员身段动作比较有力度。"瓦西里耶夫指出："行当中每一类专门角色有固定的化妆、嗓音、面部表情、姿势、步法、身段，戏曲表演程式化雕琢到了最细微之处。"关于中国戏曲演员的歌唱，特列季亚科夫介绍："中国演员演唱不是用本嗓，而是用尖细的假嗓唱，因此是憋着嗓子唱，不同角色类型……都有自己严格固定的演唱方式。""说到男子演唱，亦是程式化的假嗓子"。特列季亚科夫、瓦西

梅剧团演出前，列宁格勒《红报晚刊》发表的特列季亚科夫的文章，
介绍了中国的戏曲文化

里耶夫和伏鲁曼斯基都从总体上概括了戏曲表演的程式化特征："中国戏剧与我们的完全不同，它是程式化的。""所有戏剧形式都贯穿着教条主义精神。固定脸谱变成了舞台角色形象秘密符号，甚至角色类型的划分界限、歌唱风格和身段动作的典型特征都是严格固定程式化的。""中国戏剧在长期发展中打磨出了一系列令人惊叹的表演技艺和最精细的表演方法，以及具有一整套音阶的程式化呈现方式"。戏曲脸谱是一种写意和夸张的艺术，各种人物都有自己的谱式和色彩，具有"寓褒贬，别善恶"的功能。伏鲁曼斯基介绍："中国演员的脸谱，亦如其表演方式，也是程式化的。演员的脸上被涂上了各种颜色的圆圈和条纹，以此来标示出角色的性格、优点和缺点。反派角色都有特别标志。善良和邪恶、诚实和虚伪，均有自己独特的标志。"特列季亚科夫发表在《真理报》《文学报》的文章中谈道："勇士脸上画着奇怪的脸谱，令人想起纹身彩绘，这些彩绘是有含义的，如果勇士的脸是黑色，就意味着他是清正廉洁之人……如果脸谱是蓝色和绿色相间，野鸡翎子在两侧颤动，观众就明白他们是少数民族。""黑色脸谱意味着此人清正廉洁。白色脸谱代表好说谎的人和坏人。在鼻梁和双眼睑上涂一小块白色油彩，表明这是小丑，是憨头憨脑、滑稽的角色。额头上有红点的是出类拔萃、有高尚道德品质或者是非凡的人。演员的太阳穴上画着硬币，那么扮演的就是一个贪财的人。下唇有黑点是'笔墨小吏'，黑点为舔毛笔所致。金色脸的是神灵。山精水怪的脸谱格外地丰富和奇妙。蛙神是在鼻梁和额头上勾画绿色青蛙。狐仙在传说中会变化，全

梅剧团演出前，《劳动报》发表的文章《两种文化的相遇》

身白毛，嘴唇上有白色绒毛。牡蛎精的脸谱是展开的牡蛎壳。中国戏剧任意一个角色都有完全固定的脸谱，在中国舞台上演出相同剧目，同一角色的脸谱都是一样的。"爱森斯坦对程式化特征进行了概括："中国戏剧就其形式来看，从对典型人物的形象处理，到最细微之处的舞台安排，一律都是程式化的。"

戏曲演员运用虚拟手法创造舞台形象，一般是借助于一些辅助性砌末或者实体的某一部分，如船桨、马鞭、车旗等，通过虚拟动作表现角色所处的特定环境。爱森斯坦在《梨园魔法师》一文中引用了一位戏剧专家的话："每一个情景、每一个客体，都依其自然的样子抽象化并几乎都是虚拟性的，表演脱离了纯粹现实主义。真实布景和道具从不在舞台上摆放。"

梅剧团演出前，爱森斯坦在《共青团真理报》上的文章，
介绍了梅兰芳及中国的戏曲文化

他列举了虚拟表演的例子：

"马鞭"——马鞭。演员手持马鞭，表示他在骑马。棕色马鞭意味着他骑着棕色的马。白色、黑色、火红色马鞭就代表骑着相应毛色的马。

"车旗"——车。车是借助于两面画着车轮的小旗子来表示。

"令箭"——报信者的箭。从前军事将领派出报信者，就给一支箭作为消息真实性的证明，此处还包含着另外一种意思，那就是要迅速地完成命令。在中国戏曲舞台环境中，命令下达伴随着令箭的传递同时进行。

МЭЙ ЛАНЬ-ФАН
КИТАЙСКИЙ ТЕАТР

苏联出版的介绍梅兰芳及中国戏曲文化的小册子《梅兰芳与中国戏剧》的扉页

与西方戏剧舞台环境以物搭景不同，中国戏曲舞台上常常是仅凭一桌二椅这样极简单的道具就能表现不同的生活场景。爱森斯坦对此进行了深入探讨："那些可以依据特征判断其含义的物体具有某些特定象征性含义的固定性，有意思的是这些含义不是一成不变的。同一物体，如桌子、椅子和用马鬃做的小掸子（即拂尘），依赖与之相联系的不同使用状态，可以变成需要表现的具有无穷无尽含义的客体。在中国戏剧里他们就是这样处理的。相比于其他物体，桌子大概更能幻化成包罗万象的客体，它时而是茶桌，时而是餐桌，时而是大堂案，时而是供桌……舞台情境和象征性标志物符号含义'多变性'等类似规定不是采取绝对固定的形式。或许，这种特点比舞台上象征性标志物程式化表现方式本身更具特色。"

7. 梅兰芳是中国戏剧史的骄傲

"梅兰芳剧团要来了",苏联媒体介绍的重点自然是领军人物梅兰芳。《真理报》的售票广告中对梅兰芳的表述是"杰出的中国导演和演员梅兰芳",在一些报道中也称其为"梅兰芳博士"和"戏剧改革家"。许多文章都对梅兰芳的家世、学艺经历及影响等做了重点的介绍。3月3日《莫斯科晚报》上《中国剧团要来了》一文中说:"梅兰芳今年四十一岁,出生于演员家庭,父亲二琐(音)也是声名显赫的演员。他从幼时便开始学习演员表演技艺,随后到戏剧学校继续接受教育。梅兰芳表演的行当是女性角色,也被称为'正旦'和'青衣',意思是穿青色衣服的人即正面女主角形象。梅兰芳的表演是如此出色,以至于一些评论家断言，很少能够找到如梅兰芳那样好的表演女性角色的女演员……除了在中国，梅兰芳在日本、欧洲（此处有误，当时还没去过欧洲——笔者注）、美洲的演出均取得了巨大的成功。梅兰芳是获得广泛承认的中国民族戏剧的天才，他创作的具有自己风格的作品，在中国被冠以著名的'古装新戏'，他使古典戏剧风格得到社会的认同。"《共产主义教育报》上的文章中谈道："梅兰芳十四岁正式开始自己的职业生涯，很短时间内，他不仅在北平，而且在上海和其他城市都有了一些名气。梅兰芳饰演女性角色，在中国戏剧中，这种角色是极重要和难学的，它要求演员有多方面表演技艺。梅兰芳在观众中享有广泛声誉是当之无愧的。如今，创造了独特文化、具有千年历史的戏剧即将展示在我们观众的面前，这种戏剧汇集了舞台表演庞大而丰富的多样性表演特征，梅兰芳的戏剧——古装新戏是这种戏剧最优秀的代表。"

　　3月12日，梅兰芳抵达莫斯科当天，瓦西里耶夫在《消息报》上发表《梅兰芳的戏剧》长篇文章，文章中介绍：梅兰芳（他的真名叫畹华，第二个名字是裙姊），1894年出生于一个演员家庭，他的祖父梅巧玲是当时最著名的旦角演员。因此，他的父亲把家里的这一传统传给了梅兰芳。当二百来人的新戏剧学校开学时，梅兰芳被录取并在这里和中国后来的许多著名演员一起学习。梅兰芳选择旦角，也就是正旦或者青衣——正直的女性角色——作为自己的行当。1911年和1912年，梅兰芳崭露头角，他在北京的戏院开始了自己的舞台生涯。他的名字可以召集起成千上万的观众，精通戏曲的人和鉴赏家们从中国遥远的地方赶来欣赏这位大有前途的年轻演员的演出，这一时期对梅兰芳的评价是"一笑万古春，一啼万古秋"。他的朋友们为他改编了中国古老的传奇故事《嫦娥奔月》，这出戏使梅兰芳在中国戏剧表演方面开创了一个新时代……他的"古装新戏"表演风格在中国获得了广泛认同……从前不相联系的两个角色"正旦"和"花旦"融为一体，应归功于梅兰芳，第一种角色在表演方面主要体现在唱功，第二种角色突出的是对白，梅兰芳把这两种女性角色融合在一起……梅兰芳钟情于楚楚动人的姑娘、伤感和忠诚的女性形象，这些是为中国封建社会文学所一贯歌颂的。很难找到如梅兰芳那样能够自如地表演女性角色的女演员，如他那样能把嗓音、手势的最精细的差别和超凡的节奏感表现出来。现今梅兰芳是在中国获得广泛认可的具有民族特色的戏剧天才。梅兰芳第一次来到苏联。苏联观众将会看到他演出的精彩剧目——《打渔杀家》《霓虹关》《贵妃醉酒》及其他一些剧目的舞蹈片段。每一场演出都包含着两段折子戏和一段舞蹈。

爱森斯坦在《梨园魔法师》一文开头即写道："梅兰芳的声望远远超越了中国的疆域：在旧金山每个中国知识分子家里，在纽约唐人街的小店铺里，在柏林的高档中国饭店里，在蔚蓝海水环绕中的墨西哥约卡坦州半岛的'金雉鸡'小酒馆里，在任何有一颗怀念祖国的中国之心跳动的地方，他的形象——小型雕像和照片无处不在。"特列季亚科夫认为："梅兰芳不仅是当今中国戏剧的骄傲，作为演员，他是全部的中国戏剧艺术史的骄傲。梅兰芳的光荣不仅在于他天才的表演才能，他的迷人魅力还在于他在舞台上呈现了中国人理解中的女性特征的典范。"

梅剧团演出前，苏联艺术界怀着满腔的热情发表了大量文章，介绍中国戏曲文化和梅兰芳，虽然不可避免地存在着某些误读，但他们的介绍和分析，引起了苏联观众的浓厚兴趣，同时也为他们能够看懂不符合其欣赏习惯的舞台表演艺术打下了基础。

梅兰芳抵莫斯科，下车时与欢迎人员合影，鄂山荫（第二排右一）、林德夫人（后排左一）、吴南如（前排左一）

三、高山流水遇知音

　　1935年3月12日清晨，梅剧团抵达莫斯科，历经二十余天舟车劳顿的梅兰芳站在月台上，呼吸着清新的空气，感慨道："多年的夙愿实现了，莫斯科，我来啦！"

梅兰芳与张彭春（右二）、爱森斯坦（左一）及
特列季亚科夫（右三）等合影

1. 张彭春讲了两个小故事

3月20日晚，苏联对外文化关系协会在艺术家俱乐部举办招待会，出席晚会的有梅剧团演职员，苏联艺术界的杰出代表梅耶荷德、爱森斯坦、人民演员莫斯克温等，另有多位苏中两国记者参加。特列季亚科夫任会议主席，功勋艺术活动家别尔谢涅夫宣布晚会开始并致欢迎辞。

招待会最主要的内容是张彭春做关于中国戏曲文化的主题讲座，他先讲了两个小故事："一农妇得知邻村要演戏了，抱起还在吃奶的孩子抬腿就走。为了能够看到戏的开头，农妇走得很急，经过西瓜地时，她被绊倒了，孩子摔到地上。她赶紧抱起来接着跑，

由左至右：（第一排）苏联外交部东方司副司长博罗沃伊、
吴南如、梅兰芳、鄂山荫、特列季亚科夫；（第二排）切
尔尼亚夫斯基（后排高个子，吴南如身后）

还好在开演前及时赶到了戏园子。戏演了一整天，农妇看戏像着了魔一样。傍晚时分，她猛然想到，孩子怎么这么安静，连吃的都不要，她不安地低头看一看双手，原来自己一整天抱着的是一个西瓜。""一位农民到野外去，遇到了一个拿枪的人，这个人刚结束军事训练，由于害怕这位威武的陌生人，农民撒腿就跑，拿枪的人让他站住，并说自己是业余戏曲爱好者，正在练习繁难的表演艺术。他恳求农民看他的表演，他开始又唱又跳。农民熟悉并珍爱戏曲艺术，就说：'你最好打死我，别让我再看你糟蹋这门艺术了。'"是什么样的戏剧让老百姓如此地痴迷、熟悉和珍爱呢？张彭春以这样幽默的故事开始了讲座。他介绍了戏曲文化的历史沿革、典型特征、表演技巧；配合讲解，梅兰芳等演示了两段生行、两段旦行的演唱，另有舞蹈、武打技艺和骑马等程式化动作展示。《共青团真理报》的报道写道："这些小片段的呈现，虽然还不足以评价梅兰芳超凡的才能，但观众就已经给予他热烈的掌声了。毫无疑问，将要开始的梅兰芳剧团的演出是最卓越的文化事件，它将使苏联观众通过戏剧了解中国文化的崇高价值。""有丰富思想内容而又巧妙机智的报告成了著名演员梅兰芳率领的中国剧团演出的开场白。"

2. 美丽如画的演出舞台

与西方戏剧相比，中国戏曲在舞台装置、道具、服装及化妆等方面有着鲜明的特征。梅剧团抵达莫斯科的第六天，特列季亚科夫就打探到的情况在《真理报》上做了介绍："梅剧团的舞台装置是他们为了此次在苏联演出而在中国专门制作的，它精确复制了三十四年前镇压义和团起义的帝国主义侵略者野蛮毁坏的北京颐和园戏楼的舞台装饰。舞台后墙是传统的两扇门，两边是画着格栅图案的丝质薄纱墙，在一面半透明墙的后面隐藏着乐队。舞台顶部是复制的画满了精致彩绘的木质人字梁和长方形格栅。从下面黄红色渐变到上面蓝绿色，这就是舞台颜色的色谱。梅兰芳戏剧演出的舞台布景不是我们的舞台装置概念，在这样的舞台装饰中，演员要逼真地表演室内的一般情节和在城堡下打斗的场景。演出中，事件发生场景的变更是借助于道具来完成的。舞台被传统的暗红色配金色的低矮栅栏围住。丝绸绣制的道具格外奢华，门帘、两个门之间可替换的绘画，大红的桌围椅帔，所有这些都是手工绣制的最精细的丝织品。这一切甚至包括一些最细小的东西都是剧团自己带来的，不仅包括舞台布景和格栅，还有桌子、椅子，甚至是铺满整个舞台的灰蓝色北京地毯，在地毯正中绣制象形文字"梅（音）"，因为"梅花（音）"是"李子"树开花（此处误把梅花当成了李子花——笔者注）的意思，是春天到来的象征，带花的树枝一直延伸到毯子边角。同样是手工绣制的开着花的树枝贯穿着两块巨大的丝质帷幕，直到开演前还要合拢着，遮住了舞台。这面帷幕是著名演员梅兰芳独特的名片，在李子颜色的底色上绣着他的名字和姓的黑色的象形文字，是这位演员的标志。"观看过演出后，戈公振做如下描写："音乐厅的中央是正厅，三面为包厢，在靠近舞台两旁的包厢中，一边装着中国的国徽，一边装着

梅兰芳在苏联演出时在舞台上拍的照片

庶联的国徽。舞台的幕开启后，即有一幅黄缎幕，上面绣着一株梅花和几枝兰花，并绣有"梅兰芳"三个大的黑绒字。在舞台前的两旁，各装着一小节红漆的栏杆，与黄色的缎幕相对比，甚为美丽。缎幕提起后，即为宫殿式的布景，两旁有门，可通至后台。"面对独特的舞台场景，苏联媒体也是一片惊叹，《工业化报》的文章谈道："美丽如画的戏剧舞台（极精致文雅的舞台布景和珍贵华丽的服装）也是吸引观众之处。"《莫斯科晚报》的文章中说："展现在我们面前的演出场面是多彩的、鲜艳的，颜色和色调的细微差别令人叹为观止，我们所看到的，在巨大的黄色绸缎幕布上，画着李子树和花。"该文作者赞叹："演员的装扮，特别是女性的服装和化妆、舞台装饰上的颜色和色调的设计具有最丰富的想象力。"《真理报》的文章描述："演员们着多彩鲜艳的戏装，当他们在舞台上表演时，如焰火一般，星星点点地闪耀着。"列宁格勒的演出结束后，《接班人报》和《红报夕刊》写道："梅兰芳所着之戏装更足以显示中国人对于戏装的研究和审美力。""色彩鲜

《莫斯科晚报》上刊登的照片，梅剧团演员在艺术家俱乐部展示表演技艺

艳、令人赏心悦目的服装和装饰华丽的舞台，使中国戏剧更显得富丽堂皇与别具一格。"

苏联著名风景画家、戏剧理论家康斯坦丁·尤翁为京剧演员的服饰作诗：

金质的新奇别致的头饰，

摩洛哥革和缎子的鞋，缀满了珍珠和宝石。

头上的王冠与凤冠，镶嵌着珐琅，

华美的腰带、佩剑、马刀、金银鸾带、丝绦、闪光颤动的钻石……

戏谚有云"宁穿破，不穿错"。更为难得的是，苏联观众还悟出了服饰妆扮在剧情演绎中的作用，发行于莫斯科的《文学报》和《莫斯科晚报》，以及发行于列宁格勒的《红报晓刊》都有分析："看过第一次梅剧公演之后，我们还有一种感想……珠光宝气的戏装在许多场合之下是多余的，而且会妨碍观众领会演员的表演，但在中国戏剧里确是最有价值的东西，它们件件华丽，其中都有一定的穿戴逻辑和规则。""戏剧故事中人物的特征自然地体现在脸谱上，在戏剧故事演绎过程中，脸谱以其性格化的象征传神地融入剧情的特点恰当而明了，演出的戏剧就是以这样的铺垫而展开的。""服装的特征特别地标示出剧中角色的社会属性和地位。脸谱的颜色从一开始就告诉了观众，这一人物会有什么样的行为。"

3. 融合多种艺术手段的表演

与话剧、歌剧、舞剧相比，中国戏曲表演熔多种艺术手段于一炉，并通过表演调动起来，构成了"以歌舞演故事"的特殊形态。梅兰芳回忆，苏联专家看到了"中国戏里面包含有歌唱、道白、舞蹈、武技，是一种综合的艺术，都认为这是中国戏的一个特点"。戏曲演出综合性带来的复合审美效果引发了苏联评论界的关注："戏剧演员的表演技能是综合性的，时而是歌唱演员、时而是朗诵者、时而是面部表情剧演员、时而是喜剧演员、时而是技巧表演演员、时而是舞蹈演员等。所有这一切都是高水平的，而不是肤浅的涉猎者。""我们能够看到由封建中国久远传承下来的文化，与欧洲和苏联的戏剧文化有着极大

梅兰芳在莫斯科演出时的海报

梅剧团在莫斯科演出前，观众踊跃入场

差别。在这种艺术中，我们看到演员具有能够把说台
词、歌唱、掌握精准的节奏韵律、手势表演、武打技
巧有机地融合起来的才能。"苏联戏剧家泰伊罗夫在
总结性的研讨会上谈到："这种综合性戏剧具有极不
寻常的有机性，当舞台上梅兰芳博士的手势转化为舞

梅剧团在莫斯科首场公演的
节目单封面

蹈，舞蹈转化为言语，言语转化为吟唱，我们就看到
了这个戏剧有机性的特点。"从表演上说，综合性比
单一性具有更丰富的表现手段，但这也给演员的表演
增加了难度。列宁格勒评论家拉德洛夫感慨："中国
演员的技艺是综合性的，他们是歌手、舞者、武打技

巧演员，还可以表演军人角色，这让我想到我们对现代演员表演技艺的要求太低了。"

4.达到了程式化极限的戏剧

程式化是中国戏曲表演高度凝练而复杂的话语体系，它为培育多年的中国观众所熟悉，苏联的观众能看得懂吗？

《工人与戏剧》杂志有如下的介绍和描写："没有舞台装置和道具的程式化是中国戏剧的特征，因为重心在演员及其表演上。程式化是中国古典戏剧的原则，是其复杂规则的代表性符号，体现在服装的颜色、化妆、手势和道具中。""每一种角色都有相

应的、本专业的身段，如'生'角的步态是'平稳'
的，他的双足逐次交替朝向两侧伸出，并不时轻轻
地抚摸一下自己的胡子。'净'角的步态被称为'虎
步'，抬起来的腿是弯曲的、滑动着走，会在一个地
方停住不动或者加快速度下场。'丑'角在舞台上是
偷偷地、急急忙忙地走，四面打量，通常拿着扇子，
是狡诈的象征。'正旦'的走动是脚离地。'花旦'
的步态是交替地移动着脚步，沿着一条线走，手抓着
衣服的膝盖部分，用脚后跟着地。"《红报晓刊》认
为"卓越的演出给了列宁格勒人认识古老的中国艺术
的机会。这种艺术是建立在古老的程式化手势、程式
化面具、演员塑造的程式化形象、程式化对话的基础
上，卓越的演出让列宁格勒人看到了中国演员所达到
的罕见水平。"特列季亚科夫在总结性的研讨会上

说："关于我自己，可以说，七年来没有一个剧团能像这个剧团那样，让我看这么多次，它的所有演出，我只有一次没看过，而且应当说，一次比一次获得更大的享受。只要能进入这种戏剧的形象语言之中，它就是清澈透明的，特别容易理解的，非常真实的。"虽然这里没有用"程式"一词，但足以看出戏曲表演有一整套独特的话语体系，并且这套体系有自己固定的、完整的法则。《莫斯科工人报》相关文章的作者表示："中国剧团的演出没有舞台装置，语言是程式化的。这在我们的报刊中谈了很多，我们在公演中看到的剧目《汾河湾》，剧中人物做了一个开门的手势，这就意味着演员打开了门，走进了假想的房间……戏剧的话语体系完全是程式化的，像一种密码，它是中国观众借此完全看懂演出的关键。我们根本不懂中国话，也不知道这种程式化话语体系的密码。"《工业化报》的文章中谈到："延续了几个世纪的具有鲜明特色的文化，使中国戏剧的技巧达到可以想象到的程式化的极限。这种程式化的整套符号系统为中国广大观众所明了，它的最核心要素也能马上为国外观众所领会，因此，昨天的演出，毫无疑问观众'看懂'了。"苏联百年周刊《星

梅剧团在莫斯科试演之后，《工业化报》发表的评论文章

火》总结："通过演出，观众享受到了中国古典戏剧高度的程式化、演员成功的训练和戏剧表演非凡的表现力，这是梅兰芳戏剧的力量所在。"

5. 苏联观众品味到了虚拟表演的意趣

西方戏剧表演注重写实性，中国戏曲演员则是借助简单的一桌二椅或一些辅助性的砌末，运用虚拟动作来表现戏里的生活图景。对这种特殊的表演方式，苏联观众不仅能够接受，而且能品味到其中的意趣。

列宁格勒《接班人报》介绍，"梅兰芳博士的戏剧不需要写实的布景和道具……舞台上的陈设——一张桌子、两三把椅子、一些屏风，简单的陈设可以

《打渔杀家》剧照，梅兰芳饰萧桂英，王少亭饰萧恩

让观众想象出渔夫的茅舍和富丽堂皇的宫殿。在这可以指代任何场所的舞台上，具有超常感受力的演员们展示他们卓越的表演技艺。"《列宁格勒真理报》描写了《打渔杀家》中一只船桨勾画出一叶方舟、一池秋水的意境："这是一个贫穷的渔民之家——父亲和女儿。他们来到江边。女儿上了船，父亲把船推离了岸边也跳上了船。他们拿起银色的桨开始划船，一个站在船头，一个站在船尾，轮流蹲下，小船在中国华北地区两岸满是黄沙的湍急河流中颠簸而行。这不，他们划到了捕鱼的地方，撒下了简陋的渔网……他们灵巧而小心翼翼地从水里拉起了渔网，打到鱼了，要回家了。他们划动着像翅膀一样摆动的桨，好像不时地轻轻划几下清澈的水。顺着他们拿着的桨就仿佛看到了水，甚至能感觉到早晨明媚的阳光照到水里微微

梅兰芳与梅耶荷德（右一）及余上沅（前排左一）、张彭春
（后排右一）等一起交谈

摇晃的影子上。"戏剧家布莱希特也饶有兴趣地回味
了梅兰芳在《打渔杀家》中的表演："一位渔家姑娘
怎样驾驶一叶小舟？她站立着，摇着一支长不过膝的

梅兰芳与梅耶荷德合影

小桨，这就是驾驶小舟，但舞台上并没有小船。现在
河流越来越湍急，掌握平衡越来越困难，眼见她来到
一个河湾，小桨摇得稍微慢些，看，就是这样表演驾
驶小舟的……这个闻名的渔家姑娘的每一个动作都构

成一幅画面，河流的每一个拐弯都是惊险的，人们甚至熟悉每一个经过的河湾。观众的这种感情是由演员的姿势引起的。"拉德洛夫看出，中国"演员不仅需演作渔船中的渔夫，还需演作波浪上摇摆的渔船。"梅兰芳回忆，梅耶荷德看了《打渔杀家》后，便邀请梅兰芳到他的剧院看戏，剧情也是表现水上生活。有一场使用了一块相当于舞台面积大小的白布，演出中有演员从白布窟窿中钻进钻出。梅耶荷德说："《打渔杀家》只用一把船桨就把水上生活表现得惟妙惟肖、生动活泼，比起我们用白布来表现水面高明多了。""梅耶荷德对中国象征性的表演极感兴趣，认为合乎舞台经济原则，他打算从写实的布景中解脱出来。以后他排了个新戏，吸取了中国手法。"苏联观众还看出虚拟表演让剧场呈现出特殊的风貌，也看出了戏曲表演有自身独特的艺术规律及艺术真实性：
"演剧时台上台下精神上联为一体、始终沟通，演员
给观众以暗示，观众则以自己的想象来补充所得之暗
示。""观看这种戏剧的观众感受到舞台上的动作不
是自然状态的，而是在戏剧的程式化和虚拟的话语体
系中。在这样的语境中，演员的每一个身段、每一个
声调，与其说是'反映'，不如说是用约定的方式来
'指示'真实性。观众'判读'演员的表演，就像读
用中国的象形文字写就的手稿。"

6. 中国演员具有超凡的表演技艺

戏曲舞台演出是一个完整的艺术整体，苏联媒
体关注到了梅剧团其他演员的表演。莫斯科第一场公

演之后，《消息报》的文章写道："《青石山》的舞蹈很有看点，战神关平和白狐狸精厮杀。扮演白狐狸精的朱桂芳玩耍刀枪的本领真高。"4月2日剧团开始在列宁格勒公演。4月5日《红报夕刊》的文章中说："《青石山》里的白狐狸舞和《盗丹》里的猴戏都受到了观众热烈地欢迎。"《消息报》的文章评价："在中国戏剧里动作的技巧——包括动作、舞蹈、武打——占很重要的地位。演员杨盛春在《钟馗嫁妹》一剧中扮演鬼魂，他的表演熟练已极，将整个中国戏剧的动作技巧完全展现给观众。"《工人与戏剧》杂志的文章分析："王少亭是'生'角演员，我们的观众记住了他在《打渔杀家》中扮演渔民，在《宇宙锋》中扮演皇帝，在《汾河湾》中扮演丈夫。他是戏剧表演的杰出艺术家。刘连荣出演性格角色'净'，为我们所熟悉的是《刺虎》一剧中的虎将军、《打渔杀家》中渔夫的有火红胡子的朋友、《钟馗嫁妹》中的钟馗，他有着优秀独特的表演方式和富有表现力的嗓音条件。二十岁的杨盛春在《盗丹》中的舞蹈表演、四十五岁的朱桂芳在《青石山》中的剑术表演都具有非凡的艺术价值，他们对梅兰芳来说都是当之无愧的'绿叶'。"

《劳动报》的文章不仅介绍了演员超凡的表演技艺，还描写了表现神仙斗法的令人惊叹的京剧表演绝活"打出手"："演员的表演动作清晰而利落，具有非凡的表现力，韵律操般的舞蹈展示的极其优美的感觉让观众惊叹不已。刘连荣在《钟馗嫁妹》一剧中极其灵巧地完成了一套最繁难的武打技巧动作。令人难

Первые впечатления

梅剧团在莫斯科试演之后，《劳动报》的相关报道

以置信的棍术、极其繁难的跳跃，各种非常巧妙的组合动作在空中、地上交织成一场精彩的表演。在《青石山》一剧中，朱桂芳（饰白狐狸精）和吴玉玲（饰关平——英勇善战之神）表演了一场用矛枪像击剑一

125

样的打斗。矛枪在他们的指间旋转，迅速地在空中来回推拉，却不必担心碰到对手的脸。各种相似的打斗动作组合起来，构成了新奇别致的表演场面。这不是真正话语意义上的战斗，我们感受和体验到的是舞台表演的戏剧性，但同时也看到了这种戏剧演出的程式化元素的重点。""梅兰芳及其剧团的演员让我们认识了中国古老的戏剧艺术。他们卓越的表演技能完美无缺、精致无比。"《莫斯科工人报》的文章总结："许多在舞台上演出的东西我们不理解，但是中国戏剧仍以其迷人的演技俘获了观众。"

7. 梅兰芳的表演炉火纯青

梅兰芳高超而精湛的表演技艺是出访成功的关

梅剧团在莫斯科首场演出后，《共青团真理报》
　　　　　　　　　发表的评论文章

列宁格勒《红报夕刊》发表的评论文章

梅剧团在列宁格勒全部演出结束后，《红报晓刊》发表的评论文章

键。《真理报》的文章谈到梅剧团的表演时说："重心自然是梅兰芳本人的表演。就我们看来，他复杂的唱功、念白、身段动作要比单纯地为我们所熟悉的武

打等其他要素难度要大得多。"《红报夕刊》的文章赞叹："梅兰芳的唱功声调丰富。这种丰富让他在表演《虹霓关》女主角时，面对炽热的爱情袭来，能够在一瞬间转向抒情的歌唱。"《红报晓刊》描写："梅兰芳扮演表演剑舞的侍女，他开始有韵律、有节奏、轻柔地做着身段动作，随后身体和手的动作越来越快，前后左右上下漩涡般舞动着剑——所有这一切营造了一个完美的、令人震惊的艺术画面。""梅兰芳本人的技艺达到了炉火纯青的境地，这是精湛、娴熟、高难度的达到了极限的表演技艺，身体动作、面部表情，手的表演及能够产生舞台演出效果的服装，各项水平都达到了无与伦比的高度。"《消息报》的文章写道："我们不懂中国语言，不了解中国戏剧所具有的程式化特征。结果怎么样？结果是梅兰芳的表演让我们大为震惊。这个男子以我们不懂的语言表演的妇女角色，俘获了观众的心，以神奇迷人的艺术塑造的形象，十分地鲜活和令人信服。"

梅兰芳继承旦角演员的手势表演，并结合角色的思想感情创造出几十种优美的手部姿势与动作，苏联观众高度关注并赞赏这种突出的表演技艺及其丰富的表现力。3月23日《真理报》的文章写道："手的表演是动作技巧中最重要的一种。每一种手势，都有它一定的意义。手指姿势种类甚多，演员可以运用各种手指姿势来表现一件东西或是一种心理状态。""我们可以不看梅兰芳的秀目，可以不看他的笑，只看他的手指就可以知道，在您面前的是位大艺术家。"《接班人报》这样描写："这位卓越演员手的表演棒

梅兰芳及剧团成员同爱森斯坦（前排左四）、特列季亚科夫
（前排右四）等合影

梅兰芳在瓦赫坦戈夫剧院观看《人间喜剧》后，与演员
合影

梅兰芳在瓦赫坦戈夫剧院观看《人间喜剧》后，与演员
西蒙诺合影

极了，这双手能够表演复杂而美妙的舞蹈，诠释出人类纤巧的心理、能够完美无瑕地进行各种对话，满含着激动和兴奋。这双手在"剑舞"中表现的精准度和力度让人吃惊，他以手技演员的技艺掌控着两把剑，在迅猛的韵律节奏中舞动着。"《红报晓刊》的文章感慨："关于演员技术的丰富……首先是梅兰芳的双手——这是我们完全没有发现的富有表现力的工具。当手指从长长的丝质袖子里面出来的时候，亦如演员从大幕中出来一样开始了表演。其美丽不亚于几百年的中国绘画和雕塑……梅兰芳的手类似于古典演员那样精美，是超常的情感表达工具，而我们演员的手大都像小铲子一样，漫不经心地，没有什么用处。"《红报夕刊》的文章谈到："这种戏剧表演擅长表意动作（这一点也可以说是最突出之处），梅兰芳展示了表意动作精湛而娴熟的技艺。他的双手时而隐藏在袖子中，时而又从袖子中飞出来，曼妙的手指动作可以传递出最细微的情感差别。"戏剧评论家波塔波夫竟然说："梅兰芳的十个手指头就是演员表中没有列出的十个剧中人物。"在给齐如山的信中，梅兰芳提到苏联报纸上评论说："我在台上表演时，凭空地由袖内飞出一对白鸽，像蝴蝶似的飞舞，从此台上就多添了十个演员。这样的恭维真是使我惭愧。"在总结性的研讨会上，梅耶荷德说："即论梅君这一双手，做出各种的姿态，无一不美观。自看了梅君手的表演后，觉得所有俄国演员的手，真可以把它斩断！"泰伊罗夫说："梅先生此来，给予我们不少新的认识，其表演的技能尤称精细。关于手的姿态，却是俄国演员们所应仿效的，所以我主张暂且不要把俄国演员的手斩掉，且留待他们继续研究吧。"他的话婉转有味，参会人士皆为失笑。莫斯科大剧院的芭蕾舞表演艺术家维克托林娜·克里格尔说："俄国演员们对手的表演确是太少研究了。梅耶荷德所谓'把俄国演员们的手斩掉'，这句话我很赞同，如果他们要保留他们的手，那么需赶快去模仿梅先生。"

从整体上来说，梅兰芳的表演艺术地体现了中国传统的美学原则，适度、自然、平和中正、恰到好处，具有端庄娴雅的古典美，且处处顾及人物身份及剧情，并使手眼身法步与面部表情融为一体，在表面规矩平淡之中显现出深沉含蓄的内在魅力。《劳动报》的文章写到："梅兰芳在《刺虎》一剧中扮演的宫廷女子费贞娥，打算实施报仇计划。他平稳而柔弱地在舞台上移动着，说话时颤动的嗓音和小提琴（应为京胡——笔者注）的声音融合在一起，凄凉而忧伤。梅兰芳表演的手执双剑的舞蹈，他的双臂直到指尖，每一根手指、每一个关节都在跳舞，他的整个身体亦如一架圆润通透的乐器在演奏。"梅剧团只在莫斯科和列宁格勒演出，但基辅《无产者报》也发表了评论文章，在介绍了梅兰芳及其表演技艺后，总结说："通过梅氏的绝技，我们可以认识伟大的中华民族的文化。"

在莫斯科正式公演的第二天，《文学报》发表的以《梅兰芳》为题的长篇文章一开头即是："演出刚一结束，我就迫不及待地借助于苏联观众的看法和我们对戏剧艺术的理解，写一篇评论中国戏剧的文章。演出可以用一句话概括：梅兰芳剧团在莫斯科的演出

梅兰芳（左二）参观苏联戏剧展时，与余上沅（左三）及
苏方接待人员切尔尼亚夫斯基（右一）、戏剧评论家和戏
剧史学家阿伯拉姆·埃夫罗斯（右二）合影

首战告捷。"在列宁格勒首场演出后,《列宁格勒真理报》发表文章谈道:"昨天,在维堡区文化之家的大厅里,观众济济一堂,梅剧团在这里公演……《汾河湾》的演出开始了,这是在中国常演的一个剧目,观众以热烈的掌声欢迎梅兰芳出场,欣赏演出让许多观众获得了极大的满足。"当梅兰芳在莫斯科演剧时,除戏剧界外,苏联政界要人,如人民委员会主席莫洛托夫、外交人民委员会委员长李维诺夫、国防人民委员会委员长伏罗希罗夫、教育人民委员会委员长布勃诺夫,大文学家如高尔基等人均前往观剧,李维诺夫夫人则每天观戏,并向台上抛掷花束,以示敬意。梅兰芳还收到许多信函和纪念品,纷纷赞美他的艺术。一些富家女士穿起了绣花的中国古装;许多买不到票的人,则围在剧院门外,想亲眼看看梅兰芳,以至要警察骑着马来驱散，才能辟开一条道路；最有趣的就是马路上的小孩子，看见衣冠整洁的中国人走过，就喊一声"梅兰芳"。全部演出结束后，颜惠庆致电外交部："梅兰芳君在莫斯科、列宁格勒两处奏艺已告圆满结束，十三日晚在国家大剧院作临别表演，亦奏巨大成功。据俄方戏剧专家言，梅君此行成绩为从来外国戏剧家来俄表演者所未有，印象之佳，声誉之隆，竟超出一般预料之外。"

翻译家傅雷说："东方人要理解西方人及其文化和西方人理解东方人及其文化同样不容易。"事实的确如此，《莫斯科晚报》的文章谈到，"梅剧团公演的节目极有特点，差不多所有来观看演出的人都喜欢上了这种戏剧，但几乎每位观众也都有自己在风格方

梅兰芳在苏联艺术家俱乐部讨论会上演示戏曲表演动作

面的保留意见，如'但只是''不过'。因此就出现这样一个现象：演出的舞台场面是那样的有趣和不同寻常，这种不寻常性令观众很难找到恰当的、合适的说法，对这种戏剧的本质作出判断。所有的来自我们的戏剧文化成型的说法，在这里都明显地不合适。所有标准的定义都说不到点子上。"可见，由于文化的巨大差异，苏联观众对中国戏曲艺术的阐释大多只能按照西方戏剧的话语体系来进行，自然会产生一些误读，也有质疑和委婉的批评，以及宝贵的建议。一些文章写道："当戏里的情节达到高潮的时候，如发生了打斗，鼓键子就会敲出让人不舒服的震耳欲聋的声音。""念白和演唱是尖利的刺耳的声音，男性角色表演者的嗓音是夹紧的阶梯式若断若续的声调。男演员用尖细的、颤抖假嗓子表演妇女角色。所有这一切都是奇特的，但有时也不能完全理解，也不是特别地让人喜欢。"在总结性的研讨会上，主持人聂米罗维奇—丹钦科在最后的总结中委婉地谈道："观看梅兰芳的天才的表演的时候，我们产生了一个想法：如果他还能推动对美好生活的追求的话，那就更好了。"

中国的戏曲艺术具有鲜明的民族特色和浓郁的艺术魅力，其表演的重要特征符合中国观众的思维模式、心理性格、文化传统、风俗习惯和生活经验。然而，恰如当时一篇评论文章的题目《穿越时光的隧道，透过难懂的方块汉字》所说，具有丰厚戏剧传统的苏联观众做足了功课、认真地观看、潜心地琢磨，他们欣赏演出的舞台布景和服饰妆扮，赞叹精湛的表演技艺，基本理解了戏曲表演的典型特征，感叹其丰富的表现力，并上升到理论的高度进行解读和分析。

1935年4月21日，梅兰芳离开苏联边境，在由涅戈列洛耶车站发出的致阿罗舍夫会长的电文中感慨："能和如此聪慧的观众——他们能明了和欣赏到似乎是相去很远的戏剧艺术——相接触，自以为非常荣幸。"我们回顾这段历史，也油然而生"高山流水遇知音"的感慨。

《虹霓关》剧照，梅兰芳
饰东方氏

四、伟大的爱森斯坦与伟大的梅兰芳

　　С．М．爱森斯坦是电影蒙太奇原理的奠基人，享有"现代电影之父"的美称。1925年，为纪念俄国1905年革命，他第一次运用蒙太奇手法导演了《战舰波将金号》，影片以磅礴的气势和惊人的独特性，开创了世界电影的新纪元，二十七岁的爱森斯坦因此而名扬四海。

早在20世纪20年代，爱森斯坦就打算和特列季亚科夫合作创作表现中国社会生活的话剧。1930年，爱森斯坦应邀在美国好莱坞拍摄影片，他从世界喜剧大师查理·卓别林那里了解到伟大的中国艺术家梅兰芳的卓越成就。1935年2月，《大公报》记者就梅兰芳访苏一事采访爱森斯坦，记者在书桌上的乱纸堆中发现一个小型梅兰芳塑像。爱森斯坦介绍，这是1930年他从好莱坞得来的，并深感遗憾地说："不巧得很，我到那里的时候，梅君已经先离开一个星期了。""我在旧金山就开始研究中国戏表演的动力，每晚我必定去中国戏院里看戏。"记者看到，"有一排书架上，全放着关于中国戏剧和梅兰芳的书籍"。爱森斯坦表示，他相信中国戏曲艺术必将对苏联戏剧艺术产生一定的影响。为迎接梅兰芳的巡演，爱森斯坦写了一篇热情洋溢的文章《梨园魔法师》，该文是爱氏关于创作和艺术理论研究进程中的重要转折点，特别地体现在由早期迷恋日本艺术向成熟地理解中国艺术转变的节点，具有很高的现实意义和学术价值。梅兰芳在莫

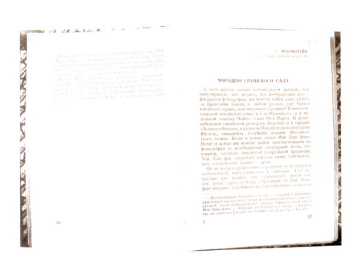

在剧院发售的小册子《梅兰芳与中国戏剧》中爱森斯坦的《梨园魔法师》一文首页

斯科期间，爱森斯坦差不多每天晚上都和他见面——观看梅兰芳的演出，共同出席苏联对外文化关系协会和其他正式场合举办的招待会，在斯坦尼斯拉夫斯基剧院、梅耶荷德剧院、卡美尼剧院一起参加活动。

3月14日，苏联对外文化关系协会为梅兰芳举办招待宴会。爱森斯坦出席，他英俊潇洒，身材不高却很敦实，满头卷发，一双蓝色的眼睛，给梅兰芳留下了深刻印象。他们一起观看影片，首先放映爱森斯坦指挥拍摄的梅兰芳一行抵达莫斯科车站的新闻纪录片，随后放映苏联著名电影《恰巴耶夫》。放映前，爱森斯坦特地介绍："这是苏联很成功的一部影片，不仅思想内容深刻，戏剧性强，人物性格也鲜明可爱，你看了一定会喜欢。"观影后，梅兰芳激动地对爱森斯坦说："我以前看苏联电影比较少，想不到你们的进步如此之快，拿这部电影来说，不仅故事内容动人心魄，编剧、导演、演员的技巧也都极好，它从头到尾把我们整个带进戏里去了。"爱森斯坦介绍，这是苏联革命后培养起来的两位同名年轻艺术家瓦西里耶夫合作编导的，前不久刚刚荣获苏联举办的世界电影节头等奖。他还把恰巴耶夫的扮演者巴博奇金和其他几位演员介绍给梅兰芳，梅兰芳与他们合影留念。

爱森斯坦对京剧表演追求神似、讲究形神兼备、侧重神韵的艺术特色十分欣赏，对梅兰芳的精湛演技也推崇备至。他不仅想在胶片上记录下来，而且想通过分镜头和蒙太奇等更高级的方式将京剧艺术呈现给观众。他向梅兰芳说出了自己的愿望："我想请您拍

梅兰芳与特列季亚科夫（右一）、爱森斯坦（左一）

一段有声电影，目的是发行到苏联各地，放映给没有看见过您的苏联人民看。剧目我想拍《虹霓关》里东方氏和王伯当对枪歌舞那场，因为这一场的舞蹈性比较强。"梅兰芳说："我同意您的意见，这次我在莫斯科、列宁格勒两地，只规定演出十四天，向隅的观众很多，我感到抱歉。这样做，能够使中国的戏剧艺术通过银幕更广泛地与苏联观众见面，是非常有意义的。但最好是等我演完戏后再拍电影。"双方商定了在联盟新闻纪录片厂拍摄的时间。爱森斯坦笑着说："现在我们是好朋友，等到拍电影的时候，你可不要恨我呀！"梅兰芳表示不相信，爱森斯坦解释："你不知道，演员和导演，在摄影棚里，常常因为工作上意见不合，有时会变得跟仇人一般哩！"3月29日晚9点左右，梅兰芳等来到纪录片厂，爱森斯坦在门

梅兰芳与特列季亚科夫（中）、爱森斯坦（右一）

口迎候。他们共同研究拍"对枪"一折的身段和部位
时，爱森斯坦说："我打算忠实地介绍中国戏剧的特
点。"梅兰芳认为，像《虹霓关》这场"对儿戏"，
有些舞蹈动作必须把两个人都拍进去，否则就显得单

调、孤立。所以他建议少用特写、近景，多用中景、全景，这样，也许比较能够发挥中国戏曲的特点。爱森斯坦坦言："我尊重您的意见，但特定镜头还是需要穿插进去的，因为您知道苏联观众是多么渴望清楚地看到您的面貌啊！"梅兰芳只得说："拍电影应该服从导演，我们就听您的指挥吧！"演员装扮好后走"对枪"的部位，爱森斯坦说："拍摄这一段兵器舞蹈，只能一气呵成，否则就贯穿不起来了。我正在想办法把特写镜头插进去。"梅兰芳分析："《虹霓关》'对枪'一场，东方氏一共唱八句，一句【倒板】，七句【原板】……前面四句是与王伯当一面打一面唱，对做舞蹈身段，这一套舞蹈动作是非常严密紧凑、无法分开的。从'爱他的容貌像盖世无双'起是东方氏向王伯当表示爱慕之意，这时可以酌情拍几个特写镜头。"爱森斯坦表示赞同："我就根据这个原则来分镜头，但前面的二人舞蹈以及雕塑式的姿势，也可以酌情使用特写镜头，总以保存艺术完整，同时又能突出您的相貌为目的。"之后是调试灯光、布置布景。在布置灯光的时候，特列季亚科夫提议："梅兰芳先生与爱森斯坦这一次的合作，是值得纪念的事，应该摄影留念。"梅兰芳和爱森斯坦就在带门帘绣花的幕前，在两旁格栅前面挂着宫灯、地上铺着台毯的表演区里照了相，又请特列季亚科夫加入，三人合影。正式开拍时大约已接近午夜，处理镜头的方法相当复杂，镜头的角度、远近变换频繁，拍了停、停了拍，斟酌布置的时间耗费得相当长，演员感到加倍吃力。梅兰芳记得"赛韦陀"那一个两人把枪搁在臂弯里同做合掌蹲身的身段，拍的时候觉得很好，拍

爱森斯坦为梅兰芳拍摄《虹霓关》
电影时的一个镜头

了以后发现镜头角度不够准确，只得重拍。"画戟银枪"的身段，又因为枪尖出了画面，爱森斯坦认为是大毛病，非重拍不可。这时梅剧团演员的情绪已经渐渐不能稳定了，最后一个镜头，因为录音发生问题，一连拍了两次，爱森斯坦还是不满意，要拍第三次，乐队的人就稳不住了，打鼓的已经把紫檀板收进套子里去。京剧旦角的化妆，需要用水纱网子勒在头部，演员很不舒服，在舞台上坚持两个小时左右已很勉强，而当时已勒了五个多小时，梅兰芳也感到异常疲劳，想要赶快卸妆休息。爱森斯坦说："梅先生，我希望您再劝大家坚持一下，拍完这个镜头就圆满完工了。这虽然是一出戏的片段，但我并没有拿它当新闻片来拍，而是作为一个完整的艺术作品来处理的。"梅兰芳为他诚恳的态度和一丝不苟的精神所感动：

"您看好镜头，马上再开始拍摄，我们一定把它拍好为止。"拍完最后一个镜头，已是凌晨三点左右了。爱森斯坦笑着说："前天我对您说的话，现在证实了吧！我相信在这几个小时之内，梅剧团的艺术家们一定在骂我了。"梅说："刚才我的确有这个意思，现在仔细想一想，觉得您这样做是对的。因为等上了银幕以后，看出毛病就追悔莫及了。"爱森斯坦表示："在这短短一天的合作中，我已感到您是一位谦逊的、善纳忠言的演员，您如投身电影界，也必定是一位出色的电影演员。"临别时，爱森斯坦将自己新出版的美学著作《电影造型的原则》签名赠给梅兰芳。

欣赏着如此精美的戏剧艺术，爱森斯坦还表达了自己的担心和建议，他在总结性的研讨会上谈道：

爱森斯坦（中）为梅兰芳拍摄电影《虹霓关》

"我个人觉得，艺术领域中的现代化——也包括技术领域，是这个戏剧应该极力加以避免的。我甚至想对我们的朋友稍微提点批评。我有一个印象，在他们从列宁格勒回来以后，除了梅兰芳博士没有受到任何影响，表现出令人惊异的完美技巧外，他周围人的表演好像染上了我们的情调。我认为，这不会给演出带来益处。""我想，人类的戏剧文化，完全可以保留这个戏剧现有的极其完美的形式。"此后，在莫斯科公寓的墙上，爱森斯坦挂上了由梅兰芳签名赠送的照片、他收集到的京剧脸谱和服装等纪念品。当年，爱森斯坦在调查表中的"这一年什么让你特别惊讶"一栏中写下了——"梅兰芳和迪士尼的《三只小猪》"。后来，爱森斯坦在多部学术著作中，在全俄国立电影学院的一些课堂上，在工作实践等多种语境下都曾回忆起这位伟大的中国演员。梅兰芳也十分珍视同爱森斯坦等苏联艺术家之间的友好交往和合作的情谊。直到20世纪50年代末，他还曾多次对人谈起这段往事："我们相聚的日子，只不过短短的一个多月，而我们的友谊和我对他们的怀念，却是深厚绵长，永恒无穷的。"当今俄罗斯爱森斯坦中心主任认为："毫无疑问，1935年与梅兰芳的艺术及其本人的结识，是爱森斯坦观察作为世界文化不可分割的组成部分——伟大的中国文化动态中的一个转折点。"

爱森斯坦拍摄的这部短片，被后人称为"伟大的爱森斯坦拍摄了伟大的梅兰芳"。梅兰芳逝世后，中央新闻纪录电影制片厂拍摄《梅兰芳》传记片时，特意从苏联借来，采用了其中的片断。

梅兰芳在苏联拍电影时与张彭春、余上沅、爱森斯坦
（前排左二）及特列季亚科夫（后排中）等合影

列宁格勒的演出地点维堡区文化之家，今天的维堡区文化宫

五、"梨园魔法师"遇《樱桃园》
导演

　　斯坦尼斯拉夫斯基是国际戏剧界的杰出代表，他所建立的体系是世界上最具系统性和科学性的表演体系之一。梅兰芳是中国最具影响力的京剧表演艺术家，从某种意义上说，他也是中国乃至东方传统戏剧文化的化身和特定符号。故巡演期间两位戏剧大师的对话，在东方戏剧艺术与西方舞台表演形式的交流方面具有标志性意义。

当年，在接待梅兰芳委员会的名单上，第一位成员就是斯坦尼斯拉夫斯基。在4月14日的欢迎宴会上，梅兰芳看到了斯氏的风采，听到了他的欢迎致辞。访苏期间，梅兰芳和斯氏有过多次谈话，交换彼此在艺

梅剧团在莫斯科的主要演出地点音乐厅，即今天的讽刺剧院

术上亲身体验出来的甘苦得失。斯氏看过梅兰芳演出的《虹霓关》《贵妃醉酒》《打渔杀家》《宇宙锋》等戏，他还招待梅剧团看他导演的名剧《樱桃园》《海鸥》等，两人共同观看拉辛的歌剧《塞尔维亚的理发师》的排演。斯坦尼斯拉夫斯基对梅兰芳说过，要成为一个好演员、好导演，除了要在舞台上进行千百次演出以外，还必须要学习理论和技术，这样才能不断地提高，此外是别无其他途径可循的。艺术理论和实践必须相结合，若孤立起来，就好比是无根的枯木了。

1935年3月30日下午2时，梅兰芳、张彭春和余上沅等应邀到斯坦尼斯拉夫斯基家里访问。斯氏住在列昂季耶夫斯基小巷的一所古老的房子里，房子有一百多年的历史，环境清幽。梅兰芳到来的时候，老先生已在门口迎候。一进门是一个入口厅，梅兰芳等在这里脱下外套，随老先生上楼。书房很宽敞，左边摆着一张宽大的写字台，右边沿墙是一长排高高的书橱，里面放满了书籍。梅兰芳把从北京带来的几个戏装泥塑人形、一套脸谱和一本黑皮封面的关于自己表演的论文集赠送给他。老先生非常高兴，鉴赏了半天，问了戏装泥人所表现的故事，郑重地将泥人安放在书架上。梅兰芳回忆："我坐下来以后才有机会仔细瞻仰这位白发苍苍的戏剧大师，这时他已经七十开外了，虽然多病，看起来精神还好，态度是庄严肃穆的，但却又和蔼可亲，从他的富于感情的面貌上我们可以想象出他当年表演时的神采。我们先谈中国戏剧的源流和发展情况，中间不断提出他在看了我的表演以后

梅兰芳手持送给苏联文化艺术界的戏曲人偶

感到有兴趣的问题。老先生理解的深刻程度是使人敬佩的。对于另外一个国家的戏曲表演方法，他常常有深刻精辟的见地，譬如他着重地指出，'中国剧的表演，是一种有规则的自由动作'。"斯坦尼斯拉夫斯基是演员出身，他的话让同为演员的梅兰芳特别感兴趣。梅兰芳记得斯氏说："我对演员解释对于人物的理解的时候，往往说来说去都说不清楚，可是，我只要上台一做，他们就会懂了。"梅兰芳认为这真是甘苦之谈，自己也有同样的感觉，比起用口头来解释怎样处理一个角色，还是在台上用动作、表情、唱、念表现出来比较容易，有些说不清楚的地方，往往看了表演，就会了解的。最后谈到的，也是梅兰芳记得最清楚的是，斯坦尼斯拉夫斯基特别注意梅兰芳表演中的"手"的姿势，他说，梅兰芳的手对他的引诱力是很大的，并告诉梅兰芳有很多苏联演员都非常喜欢他的手，他要梅兰芳进一步谈谈这样的手姿在中国传统戏曲艺术当中的源流、训练方法以及它所代表的复杂的人物情感。梅兰芳比较详细地介绍了"手的姿势"在中国戏曲舞台上的流传，他自己是经过了一番体会、研究才进行具体运用的。梅兰芳特别谈到，自己在表演当中，全身的力量都是平均的，身体各部分所用的力量是相称的，这样，一指指出去，往往能把戏中人物的喜怒哀乐凝结在指尖上传递给观众。梅兰芳举了《宇宙锋》中赵女的实例，在对赵高的那一指当中，传达了赵女满腹的怨恨、愤懑、悲哀……斯坦尼斯拉夫斯基对梅兰芳的解释很感兴趣并表示赞同。他再次向梅兰芳表明，他是演员出身的导演，最能了解演员的甘苦，他特别强调地指出梅兰芳所说的"整体

性"的重要。梅兰芳回忆：
"老先生还备了茶点，我们一
边吃一边谈，感到非常愉快。
以此进行感情交流，如同在他
乡遇见老友一般，谈话进行了
相当长的时间，之后有人来请
斯坦尼斯拉夫斯基看他导演的
一个古典剧《奥涅金》当中的
两幕，再做一些必要的审查。
老先生约我们一起下楼到他的
客厅去。这是一间大客厅，内
有四根柱子，在客厅的尽头改
装了一个小型的舞台。靠墙放
着三把高背的椅子，戏排完以

《宇宙峰》剧照，梅兰芳饰赵艳容，同台的有刘连荣、王少亭等

后，我们还在这里照过一张相。"他们坐在戏台前面临时摆放的一排椅子上看戏。老先生聚精会神地看台上的表演，他认为满意的，就对身旁的秘书点点头，不满意的地方就对秘书小声地说出修改意见。斯坦尼斯拉夫斯基有时也征求梅兰芳的意见，可惜梅兰芳听不懂台词，不能说出什么。戏排好了，天也快黑了，梅兰芳等告辞出来。这是梅兰芳和斯坦尼斯拉夫斯基谈话最久，也是留下印象最深的一次交流。翻译哈尔科夫斯基在工作日志中写下："他们很满意，带着'现代俄罗斯戏剧之父（他们这样称呼斯氏）'的赞美离开了。"

1935年3月，正当梅兰芳在苏联巡演的时候，苏联人民委员会通过决定，批准斯坦尼斯拉夫斯基开设自己的歌剧—戏剧学校。当今法国国家学术研究中心教授欧唐·玛铁发现:"当时,正是梅剧团的演出在舞蹈、歌唱和造型艺术方面以自己极致的尽善尽美让苏联观众大为震惊之时。在歌剧—戏剧学校里,歌唱和表演技艺的传授同时进行,通常这些专门技能在西方戏剧中单独存在。""梅兰芳巡演结束几个月以后,在该校的一次排练中,斯坦尼斯拉夫斯基建议学生们:'要学习梅兰芳表演技艺的精确性'。"梅兰芳说:"斯坦尼斯拉夫斯基诚恳谦和的态度鼓舞着我,也深深地铭记在我的脑海里。回国后,我时时回忆起这位艺术上的伟大的创造者,以及他坚持不懈和坚韧不拔的精神。"

1937年1月11日,斯坦尼斯拉夫斯基体系的第一

梅兰芳与苏联艺术大师斯坦尼斯拉夫斯基

部分《演员的自我修养》在美国翻译出版，斯氏请翻译伊丽莎白·赫帕古德给刚刚认识不久的梅兰芳寄去一本，另一本寄给了交往多年的马克斯·莱因哈特。他们两个是该书的第一批国外收件人。梅兰芳写信感谢斯坦尼斯拉夫斯基，称该书是一部伟大的著作，称斯氏永远是他的导师及他的所有同行的表率。1953年1月初，梅兰芳在参加维也纳世界和平大会后，取道苏联回国，在离开莫斯科前五小时，他在百忙之中访问了斯坦尼斯拉夫斯基博物馆，亦即十七年前拜访斯氏的住宅。梅兰芳说："今年1月17日，是斯坦尼斯拉夫斯基诞辰九十周年纪念日，苏联艺术界准备在这一天进行纪念活动。确实，他是一位值得后世敬仰的人；这位大艺术家不但是苏联艺术界的旗帜，对于我们电影、戏剧界也是有重大影响的。"斯氏的儿子和女儿特地翻印了一张当年他们的父亲和梅兰芳的合影送给梅兰芳。斯坦尼斯拉夫斯基在生前导演最后一个戏时，还和演员们说梅兰芳的表演技术有可以取法的地方。

　　1935年梅剧团访问苏联，最初双方商定在莫斯科和列宁格勒演出八场，因观众购票踊跃，后改为十四场。《真理报》和《莫斯科晚报》的售票广告上写着"所有座位的票价均高于平时"。莫斯科和列宁格勒的所有演出戏票很快销售一空，许多人不得不花高价购买"黑市"票，但买不到票的人仍有很多；4月13日，又加演一场作为临别纪念。最初，梅剧团在莫斯科演出的地点是音乐厅，即今天的讽刺剧院；在列宁格勒的演出地点是维堡区文化之家，即今天的维堡区文化宫，两地均为一般演出场所。而临别纪念演出是在俄罗斯历史最悠久，也是世界上最著名的剧院之一——苏联的顶级艺术殿堂莫斯科大剧院举行。《真理报》的售票广告上写着："4月13日午夜11时40分观众入场，午夜12时演出开始。"开演之前，正厅和包厢早已挤满了观众，演出一直到深夜3时结束，"演出精彩绝伦，抛掷的花束满台飞"，谢幕达十八次之多。

1935年梅剧团访问苏联是迄今为止戏曲文化对外传播最成功的一次，中苏两国政府和艺术界的紧密配合成就了这一文化交流盛事。梅兰芳访苏时，正值中国戏曲发展的一个高峰，其本人又是戏曲界的杰出代表，当时的苏联也处于斯坦尼斯拉夫斯基、梅耶荷德等戏剧大师辈出的时代。两国艺术家围绕演出，对戏剧艺术的理论、实践和发展多次进行深度探讨，体现

Доктору Мей

Ваше высокое мастерст[во]
бурной успех Ваших спектакл[ей]
Выборгском Доме Культуры, —
дальнейшего укрепления кул[ьт]
великих народов : - СССР и Ки[тая]

г. Ленинград   10го Апреля 1935г.

梅兰芳剧团演出时维堡区文化之家的剧场

Ран.
...мированный,
...азанных в
будут залогом
...связи двух
...й республики.
...тор Выб. ЯК: Berestin (Якутии)

梅兰芳访苏给苏联对外文化协会的
题词是"沟通文化，促进邦交"

了高度的理论思维的自觉性。当时恰巧在莫斯科的世
界著名戏剧家布莱希特、戈登·克雷、皮斯·卡托等
对戏曲艺术的关注和研究体现在其后的理论和实践中。
1935年梅剧团访问苏联，进一步确立了中国戏曲艺术的
国际地位，影响了世界艺术的发展。

梅兰芳纪念馆陈列的梅兰芳访苏时获赠的徽章

图书在版编目（CIP）数据

雪国琐忆：梅兰芳在苏联 / 周丽娟编著 .—北京：知识产权出版社，2022.1

（梅兰芳艺术人生文丛 / 刘祯主编）

ISBN 978-7-5130-8017-0

Ⅰ.①雪… Ⅱ.①周… Ⅲ.①梅兰芳（1894-1961）—生平事迹 Ⅳ.① K825.78

中国版本图书馆 CIP 数据核字（2021）第 263482 号

策　　划：	刘　祯　　王润贵	责任编辑：	刘　嚣
装帧设计：	智兴设计室·段维东	责任校对：	王　岩
内文制作：	智兴设计室·索晓青	责任印制：	刘译文

雪国琐忆

梅兰芳在苏联

周丽娟　编著

出版发行：	知识产权出版社 有限责任公司	网　　址：	http://www.ipph.cn
社　　址：	北京市海淀区气象路50号院	邮　　编：	100081
责编电话：	010-82000860转8119	责编邮箱：	liuhe@cnipr.com
发行电话：	010-82000860转8101/8102	发行传真：	010-82000893/82005070/82000270
印　　刷：	天津市银博印刷集团有限公司	经　　销：	各大网上书店、新华书店
			及相关专业书店
开　　本：	787mm×1092mm　1/32	印　　张：	6
版　　次：	2022年1月第1版	印　　次：	2022年1月第1次印刷
字　　数：	68千字	定　　价：	39.00元

ISBN 978-7-5130-8017-0